내일의 라운드를 위한
벼락치기 골프 연습

속성 골프 레슨

Golf self coaching

이와마 켄지로 | 지음   신동화 | 감수   유인경 | 옮김

고려닷컴

『あしたのゴルフに間に合う一夜漬けレッスン』
by 岩間 建二郎

Copyright ⓒ 2003 Asitanogolfnimaniauichiyazukelesson by Kenjirou Iwama
Original Japanese language edition published by Ikedashoten
All rights reserved, including the right to reproduce this book or portions
thereof in any form without the written permission of the publisher.
Korea translation copyright by ⓒ 2006 koryo.com publishing co.
Korean translation rights arranged with Ikedashoten,
Tokyo through Nippon Shuppan Hanbai Inc.
Korea through ANIMEDRIVE.

감수의 글

골프란,
참으로 정의를 내리기 어렵다.
혹자는 인생의 축소판이라고 한다.
하지만 나는 '골프란 연애다' 라고 정의를 내리고 싶다.
초보 땐 밀어붙이고, 몇 년이 지나면 돌아갈 줄 알고,
싱글이 되면 어루만지기 때문이다.
역시 사람마다 정의가 천태만상이다. 그래서
세간에 회자되는 다음의 정의가 설득력이 있지 않나 싶다.
골프란 인간 관계의 벽을 허물어주고 마음을 여는
의사소통의 촉매 역할을 한다.
특히 골프를 치고 난 후에는 그들을 새롭게 발견하는 경우가 많다.
예전에는 미처 몰랐는데 매우 훌륭한 성품의 소유자와
그렇지 못한 경우다.
골프가 끝난 후에는 많은 여운이 남는다.
하지만 '그래, 오늘 아주 편안했어!'(平山 東和〈申東和〉)라고
말할 수 있다면 성공한 것이다.
이 책은 이러한 마음을 가질 수 있도록 역으로 쓴 책이다.
이 책을 통해서 현명하게 골프를 배우고 친다면
누구나 골프가 즐거워지고 행복해질 것이다.

平山 東和(申東和)

제1장 티 샷에서 홀 아웃까지

■ 티 그라운드 편
10 | 자꾸 슬라이스가 난다
12 | 훅·풀 샷이 멈추지 않는다
14 | 토핑을 고치고 싶다
16 | 팝업을 멈추고 싶다
18 | 비거리가 나지 않는다

■ 세컨드·서드 샷 편
20 | 뒤땅을 친다
22 | FW·유틸리티 클럽은 치기 어렵다
24 | 아이언을 잘 치고 싶다
26 | 러프에서는 어떻게 쳐야 하나
28 | 왼발 내리막에서는 어떻게 쳐야 하나
30 | 왼발 오르막에서는 어떻게 쳐야 하나
32 | 발끝 내리막에서는 어떻게 쳐야 하나
34 | 발끝 오르막에서는 어떻게 쳐야 하나

■ 벙커·어프로치 편
36 | 편안한 어프로치 샷을 익히고 싶다
38 | 벙커에서는 어떻게 쳐야 하나
40 | 벙커에서의 탈출이 어렵다
42 | 어프로치에서 거리감이 느껴지지 않는다
44 | 자꾸 생크가 난다
46 | 연못을 넘기려고 한다
48 | 모래 속에 묻힌 볼을 빼내려고 한다

contents

■ 그린 편
50 | 스리 퍼트가 많다
52 | 숏 퍼트가 자주 빗나간다
54 | 라인을 읽을 수 없다
56 | 감이 없다는 말을 자주 듣는다
58 | 겨냥한 곳으로 칠 수 없다

■ 도우미 칼럼
60 | 디보트 선단에 볼이 있다

제2장 테크닉 훈련

62 | 드라이버 샷에서의 볼의 위치
64 | 페이드 볼을 치려고 한다
66 | 드로 볼을 치려고 한다
68 | 머리를 드는 습관이 있다
70 | 백스윙에서 몸이 흐른다고 한다
72 | 방향성을 안정시키고 싶다
74 | 역풍이 강할 때는 어떻게 쳐야 하나
76 | 빗속의 라운드에서 주의할 점
78 | 볼을 올리려고 한다
80 | 헤드 스피드를 올리고 싶다
82 | 페어웨이 우드 · 유틸리티 클럽을 사용할 때 볼의 위치
84 | 아이언을 사용할 때 볼의 위치
86 | 이럴 때는 어떻게 쳐야 하나 (1) 디보트의 후방
88 | 이럴 때는 어떻게 쳐야 하나 (2) 디보트의 한가운데

90 | 이럴 때는 어떻게 쳐야 하나 (3) 역방향의 러프에서
92 | 이럴 때는 어떻게 쳐야 하나 (4) 순방향의 러프에서
94 | 눈앞에 나무가 있어 그 밑을 통과할 경우
96 | 눈앞에 나무가 있어 그 위를 넘겨야 할 경우
98 | 올려치는 홀에서 주의할 점
100 | 내려치는 홀에서 주의할 점
102 | 숲 속으로 들어갔다면
104 | 턱 높은 벙커에서는 어떻게 쳐야 하나
106 | 거리가 있는 벙커에서는 어떻게 쳐야 하나
108 | 피치 앤 런은 어떻게 쳐야 하나
110 | 러닝 어프로치는 어떻게 쳐야 하나
112 | 로브 샷은 어떻게 쳐야 하나
114 | 백스핀을 걸려고 한다
116 | 퍼팅시 볼의 위치
118 | 퍼트의 거리가 맞지 않는다

■ 도우미 칼럼
120 | 베어 그라운드에 볼이 있을 때

제3장 스코어를 줄이는 노하우

122 | 슬라이서는 티 그라운드의 어디에 서야 하나
124 | 후커는 티 그라운드의 어디에 서야 하나
126 | 고반발성 드라이버는 이렇게 쳐라
128 | 클럽 세팅을 생각해라
130 | 편리한 드라이버 구분하는 법

132 | 편리한 아이언 구분하는 법
134 | 티 샷은 드라이버라고 누가 말했나
136 | 연습장이 없을 때 워밍업을 하는 방법
138 | 퍼팅 그린 활용법
140 | 스윙 중 들어가는 힘을 빼는 방법
142 | 클럽을 선택하기 힘들다
144 | 아무 장애도 없는 30야드 이내의 어프로치
146 | 티 샷이 좋았을 때
148 | 그린 터치는 하루에도 여러 번 바뀐다는 것을 기억해 둔다
150 | 스코어 카드 쓰는 법에 따라 레벨 업도 가능하다?

■ 도우미 칼럼
152 | 볼의 종류에 따라 골프도 바뀐다?

제4장 골프 지식 업그레이드

154 | 플라이어는 왜 발생하나
156 | 따라해도 좋은 프로와 나쁜 프로
158 | 임팩트는 어드레스의 재현이다?
160 | 아오키는 왜 퍼터의 천재인가
162 | 볼을 중심으로 포획한다는 것
164 | 잘하지도 못할 샷은 하지 않는다
166 | 마지막 향상의 비결

169 | 핵심정리

티 샷에서 홀 아웃까지

제1장

- 티 그라운드 편
- 세컨드 · 서드 샷 편
- 벙커 · 어프로치 편
- 그린 편

 ## 자꾸 슬라이스가 난다

평소보다 클럽을 짧게 쥐고 쳐본다

골퍼에 따라 슬라이스(slice, 볼이 날아오르면서부터 오른쪽으로 휘어 도는 것)의 원인도 다양하지만, 결과적으로는 볼을 포획하지 못함으로써 발생하는 사이드 스핀(side spin, 횡회전)이 최대의 원인이다.

다시 말해서 어떤 슬라이서든 볼을 포획하여 사이드 스핀을 줄인다면 슬라이스의 고민은 사라질 것이다.

그러므로 내일의 골프를 위한 포인트는 단 한 가지, 클럽을 짧게 쥐라는 것이다. 나머지는 지금까지 해오던 대로 하면 된다.

클럽을 짧게 쥐면 볼과 몸 사이의 거리가 가까워지고 스윙 궤도도 자연히 수직이 되어, 볼을 포획하기 쉬운 타법이 가능해진다.

또, 슬라이서의 대부분은 볼을 치러 가는 경향이 강하지만, 클럽을 짧게 쥠으로써 충분히 휘두를 수 있게 되므로, 그 점에서도 볼은 포획하기 쉬워진다.

슬라이스 때문에 티샷이 불안하다는 사람은 이제 클럽을 짧게 쥐고 쳐보라!

티 그라운드 편

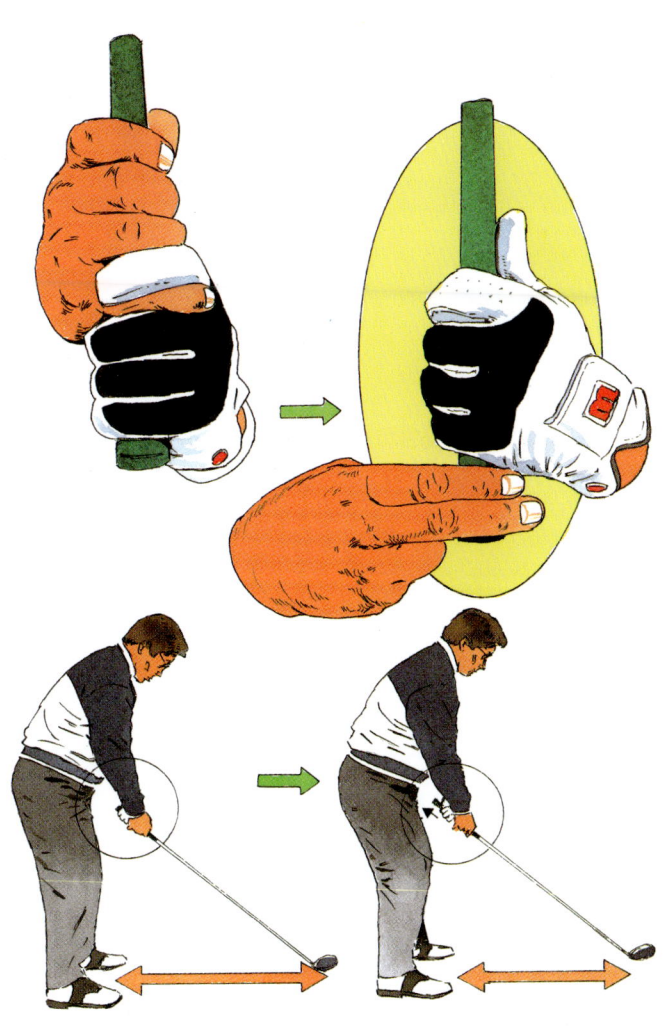

슬라이서는 클럽을 짧게 짐으로써 볼이 휘는 것을 막을 수 있다.

① 티 샷에서 홀 아웃까지

 훅·풀 샷이 멈추지 않는다

 왼손 그립을 강하게 쥔 상태로 스윙한다

훅(hook, 볼이 날아오르면서부터 왼쪽으로 휘어 떨어지는 것)이나 풀 샷(pull shot, 볼이 휘지 않고 똑바로 왼쪽으로 날아가는 샷)으로 고민하는 골퍼의 스윙을 보면, 그들 대부분이 백스윙 때 꺾인 손목이 빨리 풀리고, 오른손이 빨리 젖혀짐으로써 페이스가 닫힌 상태로 임팩트를 해 버리고 있다.

훅이나 풀 샷에 대한 불안으로 스윙에 힘이 들어가고, 그것이 다시 실수를 부르는 악순환의 연속이라고 할 수 있지만, 그런 골퍼에게 힘을 주지 말라고 해봐야 무리한 요구일 뿐이다.

따라서 내일의 골프를 위해서는 그 힘을 잘 이용해야 한다. 다만, 그 포인트는 왼손 그립이다.

왼손의 그립을 단단히 쥐고 스윙을 함으로써 왼손에 대한 의식을 높여 주는 한편, 왼손의 힘이 강해지면 오른손에 대한 의식은 멀어지므로 손목을 젖히는 동작도 사라져 버리는 것이다.

그렇게 되면 페이스가 닫히는 일도 없어지고, 훅이나 풀 샷도 나오지 않게 된다. 힘이 들어가는 것은 단지 왼손 그립이라는 사실을 꼭 기억해 두자.

티 그라운드 편

① 티 샷에서 홀 아웃까지

훅이나 풀 샷으로 고민하고 있다면,
왼손 그립에만 힘을 주어라.

❓ 토핑을 고치고 싶다

❗ 평소보다 볼 1개분 정도 왼쪽에 둔다

볼의 윗부분을 때려 그야말로 데굴데굴 굴러가는 것이 토핑(topping)이다. 하지만 이러한 토핑은 나이스 샷과 아주 근소한 차이를 낳을 뿐이다.

사실 토핑이 발생한다는 것은 볼이 정위치에 놓여 있다는 증거다. 따라서 좋은 볼을 쳐보자, 좋은 샷을 해보자는 마음의 유혹이 일어나게 된다. 그것이 결과적으로 헤드 업(head up, 임팩트 후 볼을 보기 위해 서둘러 머리를 드는 것)을 유발하여, 상체가 일어남으로써 볼의 상단을 때리고 있는 것이다.

그러므로 토핑이 잘 나는 사람에게는 볼의 위치를 평소보다 1개분 정도 왼쪽에 두라고 권한다. 당연히 어드레스했을 때의 볼에 대한 의식이 지금까지와는 같지 않을 것이다. 따라서 볼이 날아갈 방향에 신경 쓰기보다는 끝까지 볼을 지켜보지 않으면 맞지 않을 것 같은 불안 때문에 지나치게 머리가 일찍 들리는 것을 막을 수 있다.

헤드 업이 없어지면, 자연히 토핑도 사라진다.

티 그라운드 편

① 티 샷에서 홀 아웃까지

팝업을 멈추고 싶다

티를 좀더 높게 하고 친다

팝업(pop-up, 볼의 하단을 때려 평소보다 볼이 높이 올라가 버리는 것) 때문에 고민하는 사람은 볼이 높이 올라가 버릴까 두려운 마음에 자연히 티를 계속 낮추게 될 것이다. 레슨서에도 높은 볼은 티를 높게, 낮은 볼은 티를 낮게 하라고 되어 있지만, 그것은 스윙이 제대로 몸에 배어 있는 사람이 아니고서는 무리다.

그러므로 아마추어 골퍼들은 대개 티를 낮춰 주면 볼에 맞겠지 하는 생각에서 클럽을 예각으로 내리게 된다. 그래서 더욱 팝업이 잘 나게 되는 것이다.

이것을 대처하는 방법으로, 티를 좀더 높이고 쳐볼 것을 권한다. 이것은 일종의 역치료법이다. 티가 높아지면 누가 봐도 팝업이 되기 쉽다고 생각할 테고, 하물며 팝업 때문에 고민하는 사람이라면 더욱 불안에 사로잡힐 것이다.

그러나 티가 높아지면 볼을 때리기 위해 클럽을 박아 넣는 일은 없어지고 정도껏 휘두를 수 있게 되므로 팝업에 대한 고민은 사라질 것이다.

티 그라운드 편

① 티 샷에서 홀 아웃까지

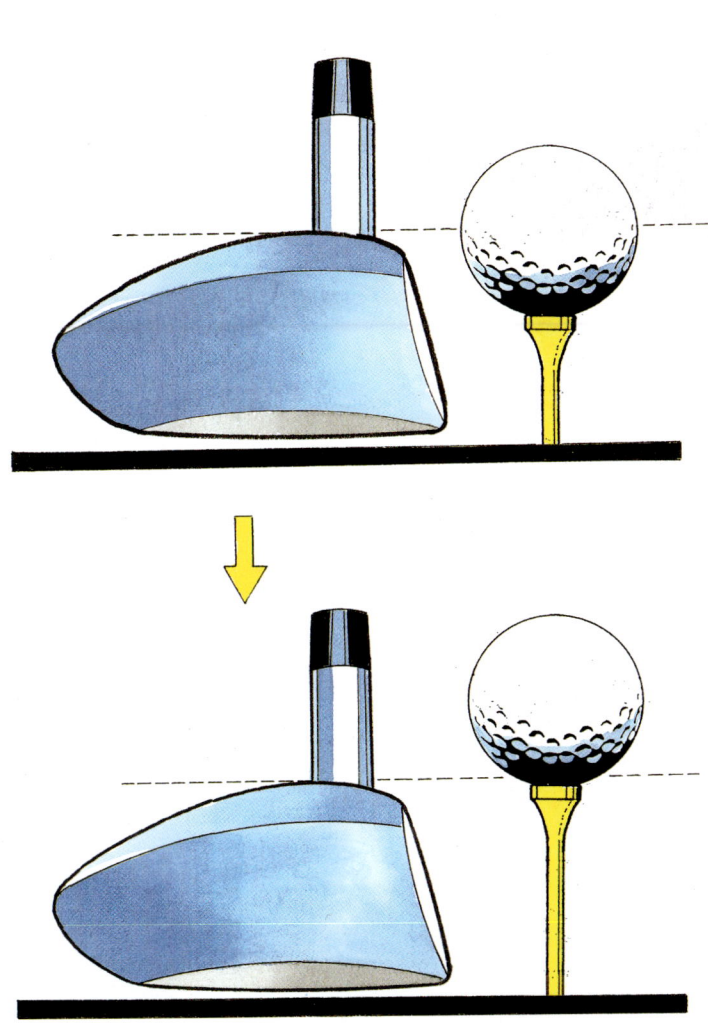

팝업으로 고민될 때는 티를 좀더 높여 준다. 그러면 스윙 궤도도 적정선을 유지하게 되어 고민은 사라진다.

비거리가 나지 않는다

목표를 가까운 곳에 설정한다

　티 샷에서 가장 큰 실수의 원인은 '날리자!' 는 의식에서 발생하는 힘 이외에 다른 것은 없다. 이것은 아마추어나 프로나 마찬가지다. 힘이 들어가면 날리고 싶어도 날릴 수 없고, 여러 가지 실수를 유발하게 된다.

　따라서 저자가 시합에서 이용하고 있는 방법을 독자 여러분에게 전수하고자 한다. 그 방법이란 다름 아닌 목표를 가까운 곳에 설정하라는 것이다. 평균 비거리가 230야드라고 한다면, 누구나 그 홀의 낙하 지점을 보게 마련이다. '저기까지 날리는 게 당연하지', '내가 치면 저 부근까지 날아갈 거야' 하는 마음이 일어나면 힘이 들어가고, 스윙에 지장을 주는 것이다.

　그러므로 목표를 가까운 곳에 두고 '150야드 정도야 문제없지' 라고 생각하면 마음도 편해져, 힘이 들어갈 여지는 사라진다. 자연히 스윙이 매끄러워지므로 헤드는 달리고, 결과적으로 비거리도 나게 되는 것이다. 꼭 한번 시도해 보라.

티 그라운드 편

① 티샷에서 홀 아웃까지

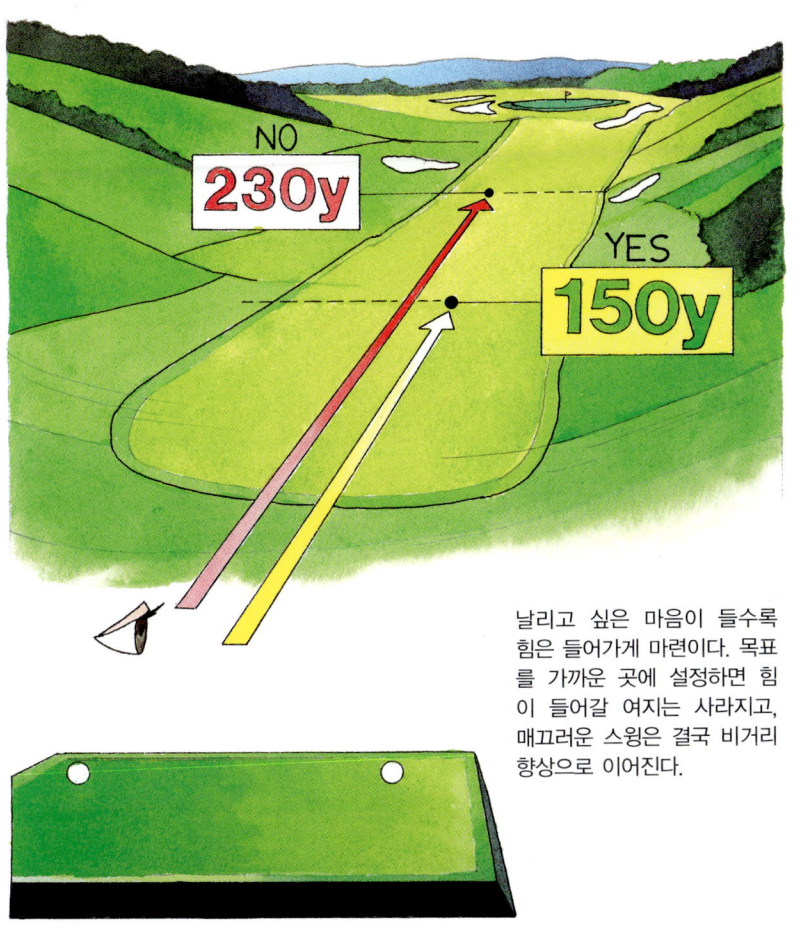

날리고 싶은 마음이 들수록 힘은 들어가게 마련이다. 목표를 가까운 곳에 설정하면 힘이 들어갈 여지는 사라지고, 매끄러운 스윙은 결국 비거리 향상으로 이어진다.

 뒤땅을 친다

볼 가까이 서본다

　아마추어 골퍼 중에는 뒤땅치기와 같이 볼을 제대로 못 치는 사람이 매우 많은 것 같다.
　원인은 다양하지만, 결과적으로는 임팩트에서 오른쪽 어깨가 내려가고, 헤드의 최저점이 볼의 위치 바로 뒤에 오는 구조가 뒤땅치기를 낳고 있는 것이다.
　그렇다면 내일의 골프를 위해, 오른쪽 어깨가 내려가지 않는 임팩트를 할 수 있다면 뒤땅치기는 당연히 사라질 것이다.
　따라서 뒤땅치기로 고민하는 골퍼에게는 "볼 가까이 서라"고 권한다. 슬라이스로 고민하는 항목에서도 나왔지만, 볼 가까이 서면 클럽을 자연히 짧게 쥐게 된다. 이른바 막대기처럼 곤추선 상태의 어드레스가 되므로, 몸도 제약을 받아 크게 움직일 수 없다.
　따라서 클럽을 올리고 내리는 단순한 스윙밖에 할 수 없으므로 오른쪽 어깨가 처지는 것도 제약을 받아 뒤땅치기는 사라질 것이다. 속는 셈치고 한번 시도해 보라!

세컨드 • 서드 샷 편

① 티 샷에서 홀 아웃까지

 # FW · 유틸리티 클럽은 치기 어렵다

 ## 천천히 리듬에 따라 쳐본다

　페어웨이 우드나 유틸리티 클럽을 제대로 치지 못하는 사람들은 보통 '날리자'는 강한 욕구 때문에 토핑이나 뒤땅치기와 같은 실수를 유발하는 경우가 대부분이다. 극단적으로 말해서 못 치겠으면 캐디백에 넣지 않으면 된다. 그리고 손에 익은 5번 아이언을 두 번 휘두르면 된다.

　하지만 욕심이 지나쳐서, '잘만 치면 롱으로 투온할 수 있을지도……' 라는 생각에 날리자는 마음은 강해지고 힘도 들어가면서 점점 더 치기 어렵게 되는 것이다.

　그래도 끝내 쳐보고 싶다면, 천천히 휘둘러 본다. 클럽은 길고 로프트(loft, 클럽 페이스의 각도)도 서 있다. 롱 아이언보다 편하게 칠 수 있도록 만들어져 있으므로, '아이언보다 더 날 것이다!' 라는 마음으로 천천히 휘둘러 주면 된다.

　느린 리듬으로 천천히 휘두르면 '날리자'는 조급함은 사라지고 스윙도 매끄러워지므로, FW나 유틸리티 클럽도 잘 칠 수 있게 된다.

세컨드·서드 샷편

① 티샷에서 홀 아웃까지

FW나 유틸리티 클럽은 '날리자'는 욕구가 힘을 부른다. 천천히 휘두르면 이들 클럽도 편안히 칠 수 있게 된다!

 # 아이언을 잘 치고 싶다

 **평소의 어드레스에서 왼발을 반 보 앞으로 내밀고 쳐본다**

아이언이 서툴고 익숙지 않은 사람들은 대개가 볼이 포획되지 않음으로써 발생하는 비거리 부족이나 방향성이 불안정한 고민을 안고 있다. 뒤땅을 치거나 토핑이 많은 것도 그 때문이다.

이것을 내일의 골프를 위해 고치라는 것 자체가 무리한 이야기지만, 그래도 방법이 없는 것은 아니다. 매끄럽게 클럽을 올려주고, 임팩트에서 헤드로 볼을 힘차게 때릴 수만 있으면 되는 것이다.

그러므로 아이언을 잘 치지 못하는 골퍼에게는 평소의 어드레스보다 왼발을 반 보 앞으로 내밀고 쳐보라고 권한다. 전문 용어로 클로즈드 스탠스(closed stance)라고 한다. 이렇게 정렬하면 양발이 평행일 때보다 오른쪽 사이드를 넓게 사용할 수 있으므로, 클럽을 편안히 올릴 수 있다.

나머지는 치켜 올린 클럽을 볼을 향해 단숨에 내리기만 하면 된다. 불필요한 동작이 없고 강력한 임팩트가 살아나 비거리와 방향성이 안정된다!

세컨드·서드 샷 편

① 티샷에서 홀 아웃까지

 # 러프에서는 어떻게 쳐야 하나

 ## 처음부터 뒤땅을 치듯 때린다

프로와 아마추어의 골프에서 그 성질이 크게 바뀌는 샷의 하나라고 할 수 있는 것이 바로 이 러프에서의 샷일 것이다.

프로나 헤드 스피드가 빠른 상급자는 러프에 들어감으로써, 이른바 볼과 페이스 사이에 잔디가 끼어들어 백스핀(back spin, 역회전)이 감소하므로, 볼이 의도했던 것보다 훨씬 더 날아가 버리는 플라이어(flier)가 발생한다.

그러나 스윙 파워가 없는 아마추어들에게는 대개 이러한 러프의 잔디가 임팩트 때의 파워를 더욱 감소시키는 원인으로 작용해, 비거리만 크게 잃을 뿐이다.

그러므로 러프에 들어갔다면 처음부터 잘 치려는 생각 따위는 버리고, 아예 뒤땅을 때려 주면 된다. 단, 여기서 꼭 기억해 둬야 할 것은 번수를 올려야 한다는 것이다. 뒤땅을 치듯 때리더라도 헤드가 미끄러지는 것을 이용하는 것과, 클럽의 번수를 올림으로써 비거리를 벌면 된다. 이렇게 생각하면 러프에서도 충분히 핀을 겨냥해 갈 수 있다!

세컨드·서드 샷 편

① 티 샷에서 홀 아웃까지

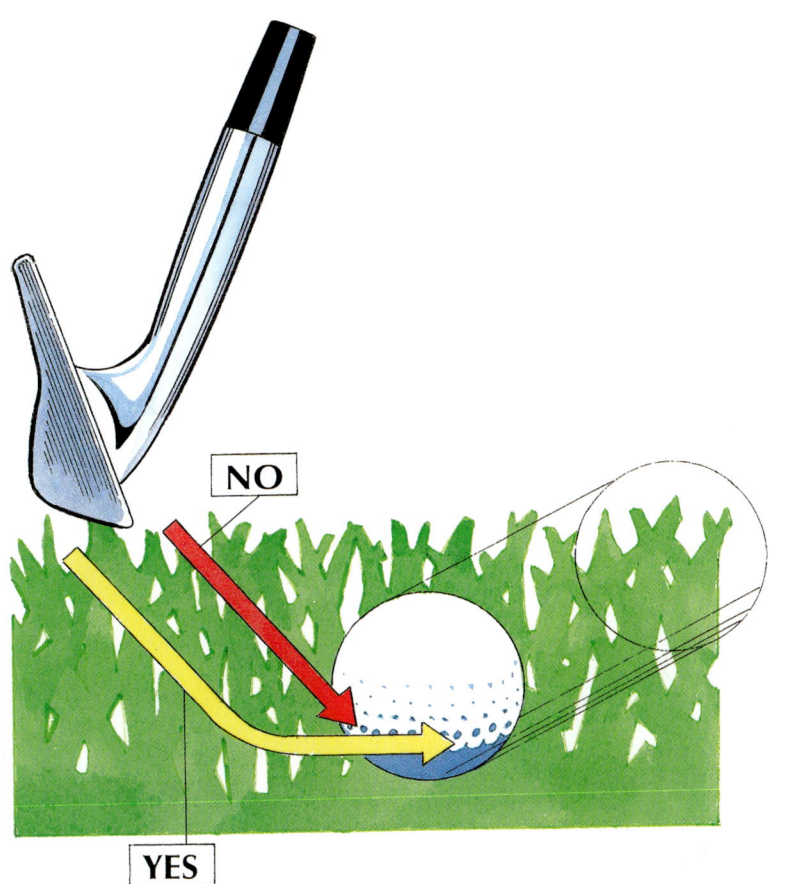

러프에 들어갔다면 번수를 올리고 뒤땅을 쳐라!

 # 왼발 내리막에서는 어떻게 쳐야 하나

 **왼발의 발끝을 한껏 열어준다**

　왼발 내리막이라는 라이(lie)의 성질상, 이러한 상태에서의 볼은 똑바로 치려고 해도 오른쪽으로 가기 쉽다는 것은 독자 여러분도 라운드 경험상 이해할 수 있을 것이다.
　아마추어들 대부분이 이러한 왼발 내리막 라이에서 어떻게든 똑바로 쳐보려고 하기 때문에 여러 가지 실수로 이어지고 있는 것이다.
　우리 같은 프로들은 오른쪽으로 가기 쉬운 경우라면 오른쪽으로 가도록 쳐주고, 또 그렇게 하는 편이 골프도 단연코 편해진다.
　따라서 내일의 골프를 위해 권하고 싶은 것은, 왼발 내리막 라이에서는 왼발의 발끝을 한껏 열고 치라는 것이다. 슬라이스가 나기 쉽다면, 슬라이스를 치기 쉽게 해주면 그만이다. 왼쪽 사이드가 열리기 쉽고 왼쪽 사이드로 클럽을 휘둘러 빼가기 쉬운 어드레스가, 이렇게 왼발의 발끝을 한껏 열어주는 것이다.
　또, 슬라이스하는 만큼 목표도 왼쪽에 정해 둔다는 것을 명심하자.

세컨드•서드 샷편

① 티 샷에서 홀 아웃까지

왼발 내리막에서는 왼발의 발끝을 열고, 클럽을 왼쪽으로 휘둘러 가자.

 왼발 오르막에서는 어떻게 쳐야 하나

 왼발의 발끝을 한껏 닫는다

이번에는 앞서의 상황과는 정반대이다. 왼발이 오르막이고 스윙도 왼쪽 사이드가 막힘에 따라, 볼은 당연히 왼쪽으로 가기 쉬워진다.

이러한 성질의 라이라면, 왼쪽으로 가기 쉬운 스윙을 준비해 주면 된다. 따라서 왼발 내리막 라이에서는 왼발의 발끝을 한껏 열어준 데 비해, 왼발 오르막 라이에서는 그 왼발의 발끝을 한껏 닫는 것이 대처 방법이다.

왼발의 발끝이 닫히면 필연적으로 왼쪽 사이드의 움직임은 제한되어 버리므로, 어드레스한 상태에서 왼쪽 사이드가 답답한 느낌이 들 것이다.

다시 말해서 왼쪽 사이드로 단단히 벽이 드리워져 있어, 몸이 열리지 않은 상태로 볼을 포획하기 쉬운 체제가 갖춰지는 것이다.

그 다음은 왼발 내리막일 때와는 반대로 볼은 왼쪽으로 휘어 돌기 때문에, 목표 방향을 겨냥하고 싶은 지점보다 오른쪽 사이드에 정하고 휘둘러 가기만 하면 된다.

세컨드·서드 샷 편

① 티샷에서 홀 아웃까지

왼발 오르막에서는 왼발의 발끝을 닫고, 클럽을 오른쪽 사이드로 휘둘러 빼가자.

 # 발끝 내리막에서는 어떻게 쳐야 하나

 **뒤꿈치에 체중을 싣고 무릎을 한껏 구부린다**

발끝 내리막의 상황에서는 편평한 라이와 비교할 때 어떤 차이가 있는지를 염두에 둔다면, 누구나 무리 없이 칠 수 있는 정도는 된다.

그 차이란 발끝 내리막에서는 편평한 상태일 때보다 볼과 시선 사이의 거리가 멀어진다는 것이다. 따라서 평소의 이미지로 정렬해도 볼의 상단을 때리면 괜찮은 편이고, 아마추어의 경우에는 헛치는 일조차 종종 있다.

내일의 골프를 위해 그러한 상황에 처했을 때 곤란하지 않도록 기억해 둬야 할 것은, 볼과 시선 사이의 거리가 가까워지도록 정렬하는 것이다.

이러한 발끝 내리막의 라이에서 볼과 시선과의 거리를 가깝게 하려면, 우선 뒤꿈치에 체중을 싣고 스윙을 해도 휘청거리지 않도록 하체를 안정시켜야 한다. 그리고 볼과 시선 사이의 거리가 가까워지도록 무릎을 구부려 주면 된다.

풀 스윙은 불가능하고, 당연히 비거리도 벌 수 없다. 볼은 오른쪽으로 가기 쉬우므로 왼쪽에 목표를 정하고, 탈출한다는 것을 명심하자.

세컨드·서드 샷편

① 티샷에서 홀 아웃까지

큰 샷은 필요하지 않으므로 뒤꿈치에 체중을 싣고 무릎을 한껏 구부린 자세로 콤팩트한 스윙을 명심하자.

 ## 발끝 오르막에서는 어떻게 쳐야 하나

> 발끝에 체중을 싣고 곧추선 자세로
> 무릎은 절대 구부리지 않는다

이번에는 앞서의 항목과는 정반대의 상황이다. 볼과 눈 사이의 거리가 가까워짐에 따라 심리적으로 여유가 생겨서인지 누구나 쉽게 볼을 칠 수 있다고 착각하는 일이 많다.

슬라이스나 볼이 홀의 오른쪽 사이드 사면에 떨어진 경우로, 이런 상황에 빠져 있는 아마추어를 자주 볼 수 있는데, 이때 주의해야 할 것은 큰 샷을 기대하지 않는 것이다. 아마추어의 경우 어떤 상황에서도 그린이나 핀을 겨냥하고 싶어하지만, 이러한 상황에서 거리를 벌어 볼을 핀 속에 휘감아 넣는다는 것은 프로라도 쉽지 않은 일이다. 그런 샷을 하려고 하니, 아마추어란 그야말로 용감무쌍한 자들이다.

잠시 이야기가 엇나갔지만, 이런 상황에서는 욕심 부리지 말고 탈출할 생각만 하는 것이 최선책이다. 발끝에 체중을 싣고 곧추선 자세로, 무릎도 절대 구부리지 않는다. 볼은 왼쪽으로 나가기 쉬우므로 목표의 오른쪽을 겨냥하고, 클럽도 짧게 쥐고 후려쳐라!

세컨드·서드 샷 편

① 티샷에서 홀 아웃까지

이러한 상황에서 큰 비거리를 벌기는 힘들다. 콤팩트한 스윙으로 탈출을 최우선으로 생각하자.

 편안한 어프로치 샷을 익히고 싶다

 오른손으로 친다

편안한 어프로치(approach, 가까운 거리에서 핀을 명중시켜 치는 것) 샷을 익히고 싶다면, 오른손으로 친다는 단 한 가지 점만 염두에 두자.

레슨서에 따르면 보통 스윙을 리드하는 것은 왼쪽 사이드라고 나와 있으므로, 어프로치 샷도 왼쪽 사이드의 리드로 치는 사람들이 많을 것이다. 그러나 왼쪽 리드의 경우, 테이크 백에서 임팩트까지는 매끄럽게 움직일 수 있지만, 막상 폴로 스루(follow through)에 이르면 헤드가 나가지 않는다.

그 때문에 임팩트의 강약이 극단적으로 벌어져, 거리감이 맞지 않는 어프로치가 되어 버리는 것이다.

그런 점에서, 오른손으로 친다는 의식을 가지면 오른쪽 사이드가 매끄럽게 돌아가면서 동시에 폴로 스루에서 헤드가 자연스럽게 나가 준다. 따라서 진폭으로 거리를 맞춰 나가면 장단(長短)에 상관없이 라인을 이미지할 수 있는 어프로치가 가능해진다.

스코어를 줄이는 데에도 어프로치는 중요하다. 내일의 골프를 위해, 그린 주변에서의 어프로치 샷은 반드시 오른손으로 쳐보자.

벙커·어프로치 편

① 티샷에서 홀 아웃까지

오른손 하나의 이미지로 어프로치를 하면, 폴로 스루에서 헤드가 나가 편안하게 칠 수 있다!

 ## 벙커에서는 어떻게 쳐야 하나

 **자세야 어찌됐든 헤드로 볼을 가린다**

　아마추어 골퍼의 경우, 벙커만 보면 불편해하는 사람이 매우 많은 것 같다. 뒤땅을 잘 치는 사람이라면 벙커라도 쉽게 넘어가는 것이 당연한데, 막상 벙커에 잡히면 뒤땅은커녕 오히려 토핑 같은 미스 샷만 내고 있으니, 보다 못한 저자가 '아니 왜 저러나?' 싶어 머리를 감아 쥘 판이다.

　그런 벙커에서 어떻게 쳐야 할지 막막해하는 사람을 위한 특효약이 있다. 그것은 자세와 상관없이 어드레스 때 클럽 헤드로 볼을 가리는 방법이다.

　벙커에서는 앞서도 말했지만, 뒤땅을 때리는(정확히는 클럽을 볼 바로 뒤에 부딪쳐서 폭파시킨다고 해야 옳겠지만……) 타법이 필요하다. 볼이 보이지 않게 함으로써 심리적 불안을 유도하는 것이 바로 이 방법인 것이다.

　테이크 백에서 볼이 보이면 안심하고 마음을 놓아, 헤드는 반드시 뒤땅을 치듯 들어간다. 그러므로 벙커가 골칫거리인 사람은 한번 속는 셈치고 시도해 보기 바란다.

벙커 • 어프로치 편

① 티샷에서 홀 아웃까지

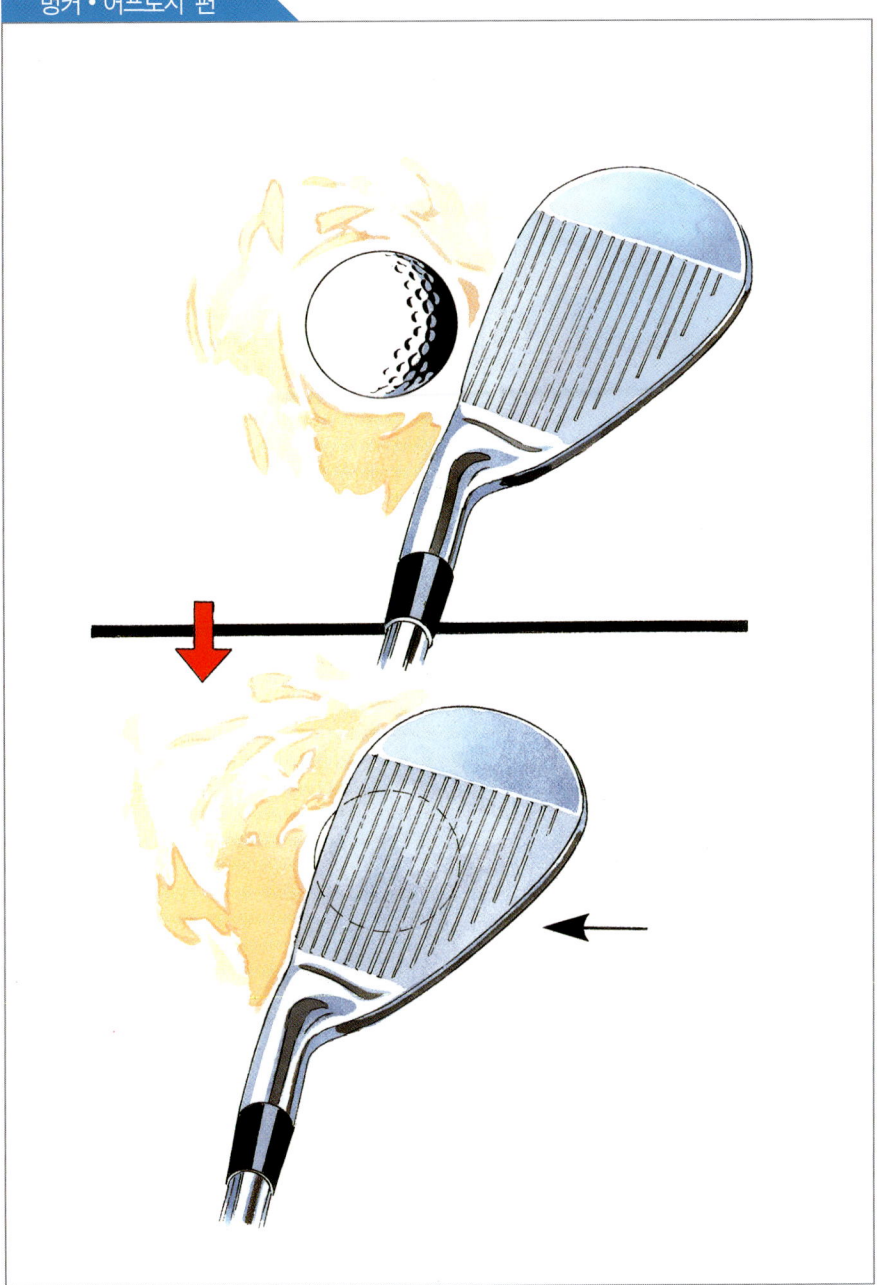

 # 벙커에서의 탈출이 어렵다

 ## 스탠스도 페이스도 닫고 쳐본다

앞서 벙커의 기본은 뒤땅치기라고 했지만, 그러한 타법으로도 벙커에서 탈출하지 못하는 사람이 제법 많은 것 같다. 그와 같은 사람들을 위해 벙커에서 벗어날 수 있는 최후의 수단을 전수하고자 한다.

그 타법이란 벙커 샷의 기본이라고 하는 것들을 모두 뒤엎는 것으로, 그야말로 스탠스도 페이스도 닫고 치라는 것이다.

일반적인 레슨서에 따르면, 거의 한결같이 벙커에서는 오픈 스탠스로, 페이스도 열고 치라고 되어 있다. 그러나 그런 타법으로 탈출하지 못해 고민하는 사람에게는 아무리 그런 스윙을 강요해 봐야 무리한 요구일 뿐이다.

그러므로 스탠스도 페이스도 닫고, 임팩트 때의 파워로만 볼을 탈출시키는 것이 바로 이 타법이다. 폴로 스루 없이, 임팩트로 스윙은 끝난다.

벙커에 들어간 볼이 달걀 프라이의 노른자처럼 모래에 묻혀 있을 때도 이러한 타법으로 탈출할 수 있다. 달리 복잡하게 생각하지 않아도 되므로 기억해 두면 손해날 일은 없다.

벙커 • 어프로치 편

① 티샷에서 홀 아웃까지

벙커에서 벗어나는 최후의 수단은 페이스도 스탠스도 닫고 치는 것이다. 틀림없이 탈출할 수 있다!

 어프로치에서 거리감이 느껴지지 않는다

 퍼터에 가까운 클럽으로 굴린다

어프로치에서 가장 중요한 것은 바로 그 거리감이다. 하지만 그 거리감이 맞지 않으면, 스코어를 줄여가기란 그야말로 하늘의 별따기보다 어려워진다.

그렇게 어프로치에서 거리감이 맞지 않는 골퍼가 대처할 수 있는 방법으로 권하고 싶은 것은, 어떤 거리라도 퍼터에 가까운 클럽으로 굴리라는 것이다.

초보자나 감각이 없다는 말을 듣는 사람은 드라이버나 아이언으로 정해진 거리를 치는 것보다는, 퍼터로 볼을 굴리는 편이 훨씬 더 거리감을 맞추기 쉽다. 이것은 어프로치에서도 마찬가지로, 퍼터에 가까운 클럽으로 굴리면 거리감은 대충 들어맞는다.

여기서 말하는 퍼터에 가까운 클럽이란, 로프트가 가까운 것을 말한다. 거기에는 3번 아이언이나 4번 같은 롱 아이언도 있고, 스푼(3번)이나 크리크(5번) 같은 페어웨이 우드도 있으므로, 자신이 지니고 있는 것 중에서 사용하기 편한 것을 고르면 된다. 그 클럽을 짧게 쥐고 퍼터의 감각으로 굴린다면 거리감이 맞을 것이다.

벙커·어프로치 편

① 티샷에서 홀 아웃까지

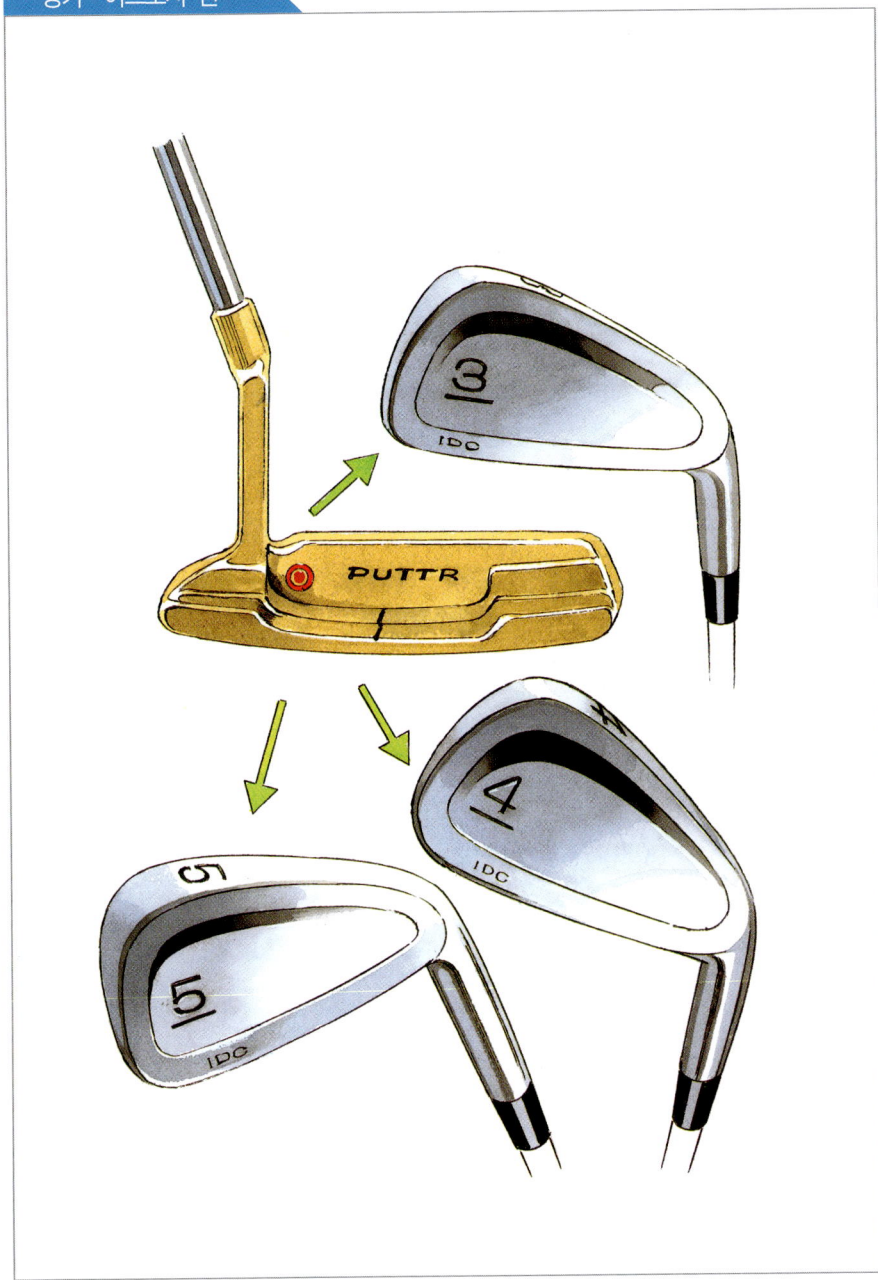

43

 자꾸 샹크가 난다

왼발을 오른발 길이만큼 후방으로 물린다

어프로치에 있어 샹크(shank)의 원인은, 매끄럽게 치켜든 백스윙에서 왼쪽 사이드의 리드로 다운스윙을 시작해, 클럽 페이스가 열린 상태로 볼이 클럽 헤드와 샤프트의 연결 부위에 맞음으로써 발생하는 것이다.

이러한 샹크가 나기 시작하면 멈추지 않는다는 골퍼도 많다. 이와 같은 습관이 있는 골퍼는 그런 샹크가 나기 시작했을 때의 단발 대처법을 기억해 두도록 하자.

그 방법이란 몸의 방향은 지금까지 해오던 대로 하면서, 어드레스는 평소보다 왼발을 오른발 길이만큼 후방으로 물려놓고 정렬하는 것이다. 그럼으로써 테이크 백에서 오른쪽 사이드가 완전히 막혀, 클럽을 매끄럽게 치켜 올릴 수 없게 된다. 있는 힘껏 올려도 그립은 오른쪽 허리까지밖에 올라가지 않으므로, 다만 치켜든 클럽이 내려오는 정도의 어프로치가 되고, 샹크는 사라지는 것이다.

이러한 타법에 익숙해지면, 뒤로 물린 왼발을 서서히 되돌려 가면 된다.

벙커 · 어프로치 편

어프로치에서 생크를 없애는 방법은 이렇게 왼발을 오른발 길이만큼 뒤로 물린 어드레스다. 단발에 없어지므로 시도해 보자.

 연못을 넘기려고 한다

배에 힘을 준다

연못이나 벙커를 넘기는 어프로치란 역시 그 중압감이 만만치 않으므로, 아마추어의 경우에는 보기 좋게 잡혀 버리는 수가 많다. 연못에 넣고 싶지 않고 벙커에 잡히고 싶지 않은 마음이 그러한 중압감을 낳고 있는 원인이다.

한 달에 한 번이나 필드에 나갈까 하는 정도거나, 그와 같은 상황을 경험하지 못한 골퍼에게 중압감을 느끼지 말라고 하는 것은 무리한 요구다.

그러므로 내일의 골프를 위해, 이런 상황에 빠졌을 때 기억해 두어야 할 것은 배에 힘을 주는 것이다.

중압감은 몸 전체에 힘을 낳고, 그 힘이 여러 가지 실수를 유발하는 것이다. 그러나 배에 힘을 줌으로써 다른 의식이 멀어져, 팔이나 어깨 부위에서도 힘은 사라진다. 상체의 힘이 빠지면 헤드도 달리게 되므로 임팩트에서 범하게 되는 실수도 줄어들고 어프로치도 제대로 살아나게 된다.

벙커 • 어프로치 편

① 티 샷에서 홀 아웃까지

상체나 스윙 시 들어가는 힘을 없애는 방법은 배에 힘을 주는 것이다. 이때다 싶을 경우에는 어떤 샷에서든 써먹을 수 있다!

 # 모래 속에 묻힌 볼을 빼내려고 한다

 ## 볼을 친 순간 오른손을 편다

달걀 프라이의 노른자처럼 모래 속에 묻혀 있는 볼을 자신 있게 쳐내는 골퍼는 프로 중에서도 찾아보기 쉽지 않다. 하물며 아마추어 골퍼라면 두말할 것도 없다.

보통의 벙커에서조차 제대로 볼을 쳐내기가 쉽지 않은데, 그런 벙커 중에서도 최고난도를 자랑하는 것이 바로 이 달걀 프라이의 상태다. 하지만 최고난도라는 것은 그 상태에서 컵을 겨냥해 갈 때를 말한다. 단지 벙커에서 꺼내는 것만 최우선으로 고려한다면, 사실은 이런 달걀 프라이의 상태도 그렇게 어려운 것만은 아니다.

내일의 골프를 위해 권하고 싶은 것은, 일단 그런 상황에 빠졌을 때는 볼을 친 순간 오른손을 펴주라는 것이다. 달걀 프라이처럼 모래 속에 묻혀 있으면, 대개의 골퍼는 쳐내는 데 급급해 덮어놓고 스윙을 해버리기 쉽다. 하지만 이때 필요한 것은 단지 임팩트에서의 힘뿐이다.

그러기 위해선 폴로 스루는 생각지 말고 볼을 친 다음 오른손을 펴주면 된다. 단, 모래의 힘에 지지 않도록 페이스는 닫고, 볼은 오른쪽으로 나가기 쉬우므로 목표를 왼쪽에 둔다는 것을 잊지 말자.

벙커 • 어프로치 편

① 티샷에서 홀 아웃까지

49

 스리 퍼트가 많다

스리 퍼트 정도는 마음먹기 나름이다

　스리 퍼트는 분명히 기분도 상하고 스코어를 악화시키는 원흉처럼 생각하기 쉽지만, 저자가 보기에는 이런 정도는 고민도 아니다. 요컨대 생각하기 나름의 문제다. 단지 매 홀의 퍼트수를 질질 끄는 바람에 다음 홀에서는 좋은 스코어에 대한 불안이 앞서고, 그러한 악순환이 결국 스코어를 악화시키고 있을 뿐이라는 것이다.

　요즘의 코스는 그린도 널찍해서, 올리는 곳에 따라서는 프로라도 스리 퍼트는 흔한 일이다. 그런 곳에 올린 것이 잘못이지, 스리 퍼트야 아직 괜찮다면 괜찮은 것이다.

　또, 퍼트수는 9홀이나 18홀에서의 목표를 자기 나름대로 정해 두고 그 총 퍼트수로 생각한다면, 스리 퍼트라 해도 두려워할 것은 없다. 그러기 위해서는 스코어 카드에는 반드시 퍼트수를 기입하는 난이 있으므로, 스코어뿐만 아니라 자신의 퍼트수를 정확히 기입하는 습관을 지니도록 하자.

　스리 퍼트 정도는 마음먹기 나름이다.

그린 편

매 홀의 퍼트수를 걱정할 것은 없다. 9홀이나 18홀에서 목표로 한 총 퍼트수로 생각한다면, 스리 퍼트는 결코 두려워할 일이 아니다.

 ## 숏 퍼트가 자주 빗나간다

 **되도록 넓은 스탠스로 정렬한다**

　퍼트에 절대적인 법칙이란 없으며, 숏 퍼트란 으레 빗나가기 마련이다. 들어갈락 말락이라는 말도 퍼트에는 늘 따라붙는 꼬리표이다. 아마추어들 눈에 가끔 보이는 'OK 퍼트' 역시 진행을 빨리해 스코어를 망치지 않으려고 하는 것이다.
　그러한 OK 퍼트의 거리를 벗어나지 않게 하려면, 되도록 넓은 스탠스로 자세를 잡는 것이 좋다.
　OK 퍼트의 거리로 말하자면, 길어 봐야 50cm 정도다. 이것을 평소의 퍼팅 스타일로 정렬하면 거리야 50cm로 변함은 없지만, 그 스탠스를 가능한 한 넓혀 보면 컵의 위치가 왼발 가까이로 올 것이다. 인간의 심리란 몸 바깥쪽에 있는 것은 멀리 느껴지지만, 몸 안쪽으로 들어오는 것은 가깝게 느껴지는 법이다. 그래서 컵을 몸 가까이에 두면 좋은 것이다.
　저자에게도 퍼트는 골칫거리였다. 이것은 옛날에 자주 써먹던 방법이므로 효과는 검증된 것이다. 속는 셈치고 한번 시도해 보라.

그린 편

① 티샷에서 홀 아웃까지

53

 라인을 읽을 수 없다

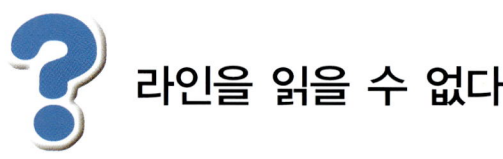 그렇다면 똑바로 쳐버린다

　컵 부근에 경사가 있을 때에는, 볼이야 높은 곳에서 낮은 곳으로 굴러가게 마련이니 어느 쪽으로든 휠 것이고, 그것은 초보자라도 잘 알고 있을 것이다. 그러나 잔디결의 방향에 따라 오른쪽으로 갈지 왼쪽으로 갈지 아리송할 때가 프로들의 경우에도 종종 있다.

　그렇게 불확실한 상황 속에서 라인을 읽을 경우, 그야말로 갈피를 잡지 못할 때 중요한 것은, 그 거리에 닿을 만한 힘으로 정확히 치는 것과 라인에 상관없이 똑바로 치는 것 두 가지다.

　어느 쪽으로 휠지 모르는 상황에서 아무리 고민해 봐야 답은 나오지 않을 터이다. 그럴 때 컵에 가닿도록 힘을 조절해서 똑바로 쳐준다면, 의외로 들어가기도 하는 것이 이런 종류의 퍼트이다.

　프로들처럼 그 한 타에 수천만 원이 걸려 있는 것도 아니고, 목숨이 달린 문제도 아니다.

　직접 해보지 않고는 모를 것이다. 힘 조절에 주의해서 똑바로 쳐주기만 하면 된다.

그린 편

① 티샷에서 홀 아웃까지

 감이 없다는 말을 자주 듣는다

 토핑처럼 쳐본다

일단 먼저 착각하지 말아야 할 것은, 컵에 못 미치게 숏 퍼팅만 하고 있는 사람일지라도 결코 감이 없는 것은 아니라는 사실이다.

이것은 다만 끝까지 치지 못하고 있는 것이거나, 혹은 쳐나갈 용기가 없는 것일 뿐이다.

감이 없는 퍼트란, '왜 그렇게 쳐버렸을까?' 하고 저도 모르게 고개가 갸우뚱거려질 만큼 강하게 때려서 어떻게도 대처할 수 없는 퍼팅을 말한다. 섬세함이 없는 것인지 아니면 너무 대담해서인지는 몰라도, 아마추어 중에는 종종 그런 사람이 보인다.

만일 당신도 감이 없다는 말을 듣고 있다면 꼭 한번 시도해 봐야 할 것이, 토핑처럼 퍼팅을 하는 것이다. 당연히 퍼터의 중심에는 맞지 않으므로 거리도 나지 않고 공 구름도 좋지 않다.

그러나 크게 오버하는 일은 사라지고 분명히 컵 쪽으로 다가갈 것이다.

다만, 이것은 어디까지나 응급 처치일 뿐이다. 진폭에 따른 거리감의 차이를 알면, 퍼트는 훨씬 좋아질 것이다!

그린 편

① 티샷에서 홀 아웃까지

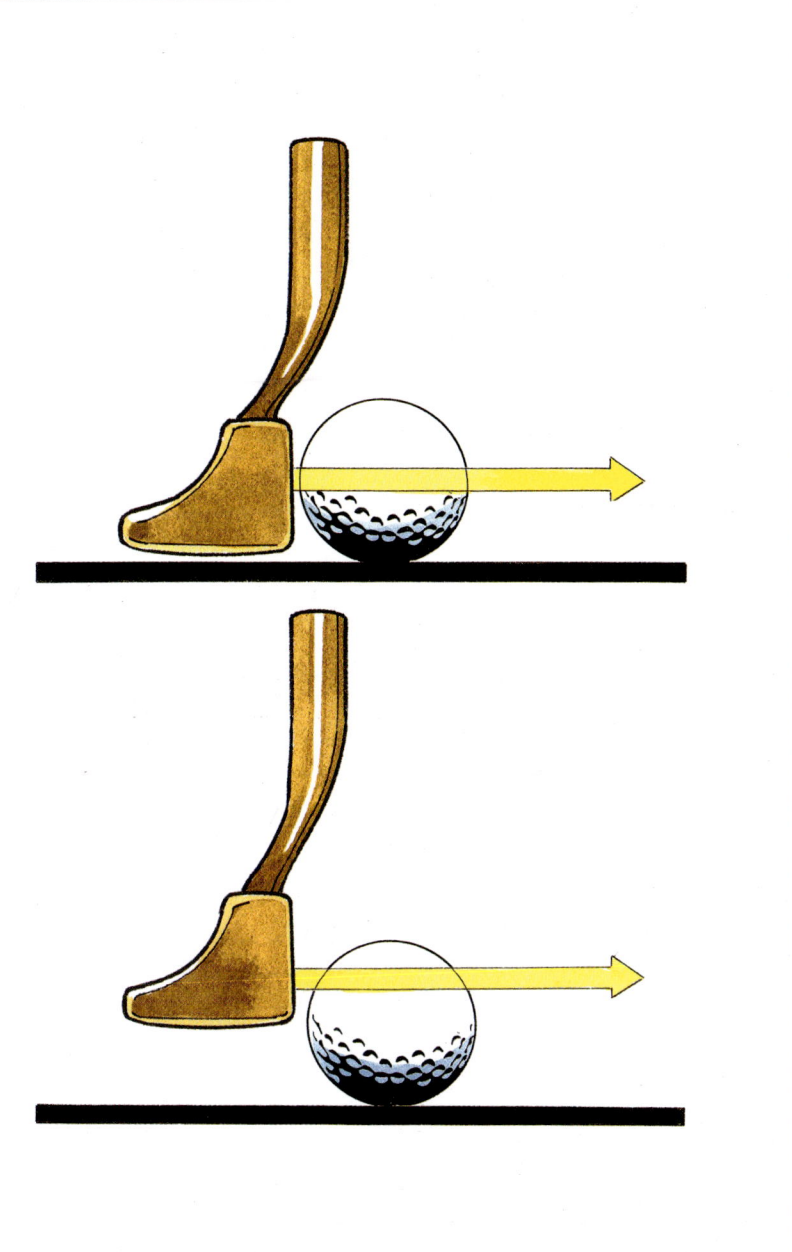

 겨냥한 곳으로 칠 수 없다

> ❗ 오른쪽 스파이크의 바깥쪽을
> 라인에 맞추고 쳐본다

앞서 퍼터는 저자에게도 골칫거리였다고 말했지만, 프로를 목표로 하면서 처음 연수회에 출전하기 전날 생각해낸 것이 바로 이 방법이다. 라인이 보여도 겨냥한 곳으로 치지 못해 온갖 시행착오를 반복하면서 퍼팅 스타일을 바꾸어 가다 보니 어느새 엉망진창이 되었다.

그러던 끝에, 오른발 스파이크의 바깥쪽을 라인에 맞추고 오른발은 그대로 둔 채 왼발을 평소의 퍼팅 스타일의 위치로 되돌려 보았다. 자세를 잡아보면 알 수 있지만, 솔직히 말해서 좀 이상하긴 하다.

그러나 이렇게 정렬하면 볼을 멀리 둘 수 없게 되고, 상체는 목표에 대해 열린 상태가 되므로 라인이 아주 잘 보인다.

그 때문에 스트로크해 보면 퍼터의 헤드가 라인을 덧그리듯 매끄럽게 움직여 나가므로 겨냥한 지점으로 볼이 굴러가게 되는 것이다.

덧붙여서, 이러한 퍼팅으로 출전했던 첫 연수회에서는 그야말로 볼이 마구 들어가 우승을 했다.

그린 편

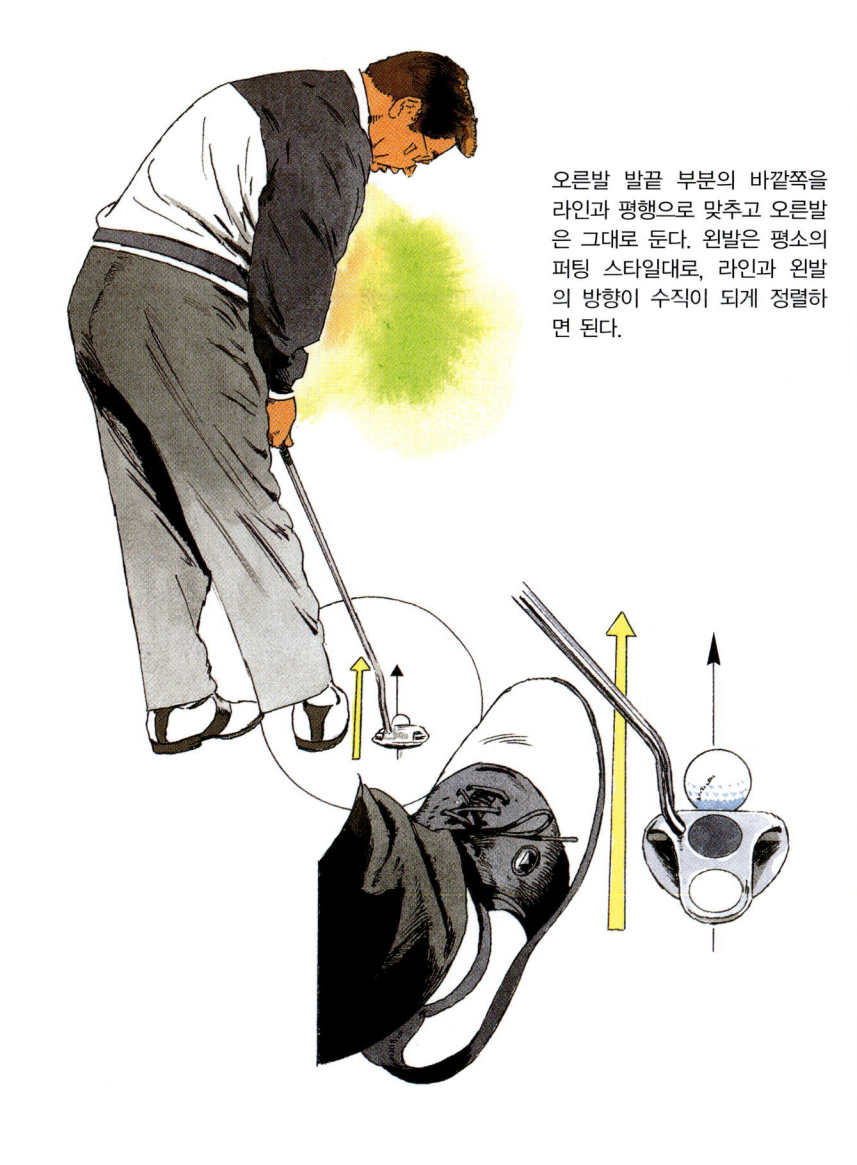

오른발 발끝 부분의 바깥쪽을 라인과 평행으로 맞추고 오른발은 그대로 둔다. 왼발은 평소의 퍼팅 스타일대로, 라인과 왼발의 방향이 수직이 되게 정렬하면 된다.

어떤 상황에서도 벗어날 수 있는 도우미 칼럼

디보트 선단에 볼이 있다

핸디캡 가운데 하나를 사용한다

디보트(divot, 샷을 했을 때 클럽 헤드에 맞아 잔디나 땅이 패인 것)의 상황에서 최고난도의 샷이라고 할 수 있는 것이, 이러한 디보트 자리의 맨 앞에 볼이 있을 때다.

볼 앞으로 깎인 잔디의 벽이 있어, 아무리 나이스 샷을 해봐야 볼이 날아가는 방향도 불확실하고 스핀이 풀려 버림으로써 프로라도 애를 먹는 샷이다.

하물며 아마추어 골퍼에게 이렇게 치면 좋다고 말하긴 해도, 잔디의 벽을 깨부수는 임팩트에서의 파워가 필요한데, 어디 그런 파워를 가진 아마추어가 흔한가 말이다.

그때는 다만 이런 상황이 된 것도 골프의 신이 안겨준 시련이라 생각하고 진지하게 받아들이는 수밖에 없다. 슈퍼 샷을 기대해 봐야 그럴수록 피곤만 쌓일 뿐, 어쨌거나 탈출하는 수밖에 없다.

자, 이제 그 많은 핸디캡 가운데 하나를 여기서 사용해 보자. 이 상황에서 탈출해, 다음 샷으로 기분을 바꿔가자.

테크닉 훈련

제2장

 # 드라이버 샷에서의 볼의 위치

 **평소보다 볼 2개분 왼쪽에 정렬하고 쳐본다**

저자는 아마추어 골퍼와 라운드할 기회가 많은데, 그때마다 느끼는 것이 아마추어 골퍼의 95%가 볼의 위치를 몸 중앙 쪽에 정렬하고 있다는 것이다.

스윙은 끝까지 충분히 휘둘러 주어야 하는데, 그곳에 볼이 있기 때문에 슬라이스 볼이 난다고 가르쳐 줘도 고치지 못하는 사람들이 많다.

그러므로 드라이버 샷을 할 때 볼의 위치를 어디에 두어야 할지 모르는 골퍼에게 권하고 싶은 것은, 평소 본인이 생각하던 위치에서 볼 2개분 왼쪽으로 비켜놓고 쳐보라는 것이다.

왼발 뒤꿈치선상이라는 레슨서의 설명에도 불구하고, 아마추어들은 2~3개분씩이나 몸 중앙 쪽에 볼을 정렬하고 치는 것이 보통이므로, 평소에도 볼을 제 위치에 두고 있는 것은 아니다. 볼이 몸 중앙 쪽에 놓이면 좀더 안심은 할 수 있어도, 임팩트가 막혀 버리므로 자연히 슬라이스가 나게 마련이다. 볼은 평소보다 2개분 왼쪽에 두어야 맞다!

아마추어들은 대개 볼을 몸 안쪽에 두고 싶어하므로, 드라이버 샷을 할 때의 볼은 평소의 위치에서 2개분 왼쪽으로 비켜놓고 쳐라!

 페이드 볼을 쳐보고 싶다

 평소보다 볼 2개분 뒤로 떨어져서 쳐본다

아마추어 골퍼의 80% 이상이 슬라이스로 고민하고 있다. 볼이 휘는 만큼 거리도 떨어지고, 스코어는 생각할 수도 없는 위치에서 다음 샷을 해야 한다. 그런 골프는 솔직히 말해서 재미없을 것이다.

"그 볼이 페이드(약한 우곡구)만 되어도, 봐줄 만할 텐데"라고 전에 라운드했던 아마추어가 말했던 적이 있다. 그때 권했던 방법이 바로 평소의 위치에서 볼 2개분 정도 뒤로 떨어져 치라는 것이다.

슬라이서의 스윙 궤도는 아웃 사이드 인에 의한 극단적인 깎아치기다. 그러므로 볼에서 떨어져 줌으로써 스윙이 편평해져, 극단적인 아웃 사이드 인으로 클럽이 휘둘러지지 않게 되는 것이다.

그 아마추어도 이 한 가지 힌트로 터무니없이 오른쪽으로 휘던 볼을, 똑바로 날아가다 떨어질 때 오른쪽으로 미끄러지는 페이드 볼로 단번에 해결했다. "좋은 요령을 배웠다"며 얼마나 기뻐하던지!

Fade ball

슬라이서가 그 볼을 페이드로 바꾸려면, 평소의 위치에서 볼 2개분 뒤로 떨어져서 쳐보자!

 # 드로 볼을 치려고 한다

 ## 스윙 스피드를 평소의 반으로 줄여서 쳐본다

골프를 시작하고 나서 지금까지 단 한 번도 볼을 왼쪽으로 휘게 해 본 적이 없는 슬라이서도 있을 거라고 생각한다.

볼을 포획하지 못하고 극단적인 아웃 사이드 인의 궤도로, 그것도 깎아치기가 되고 있다면, 드로 볼(draw ball, 페이드의 반대로, 똑바로 날아가다 떨어질 때 왼쪽으로 휘는 볼)을 쳐보고 싶어도 그것은 평생 힘든 일일 것이다.

골프 클럽이 지금보다 훨씬 더 진화한다면 못할 것도 없겠지만, 지금의 클럽도 충분히 볼을 포획하기 쉬운 기능을 가지고 있고, 그래서 슬라이스를 치게 되는 것이므로 어쩔 수 없다.

하지만 드로 볼은 의외로 간단히 칠 수도 있다. 방법은 스윙 스피드를 지금까지의 반으로 줄여서 치는 것이다. 스윙 리듬이 느려지면 몸이 빨리 열리거나 클럽을 손으로 내릴 수 없게 되므로, 몸의 정면으로 볼을 포획하기 쉬워진다. 볼이 포획되면 자연히 드로가 되어, 슬라이서라도 간단히 드로 볼을 칠 수 있을 것이다.

 머리를 드는 습관이 있다

 그렇다면 좀더 머리를 들어본다

아마추어의 경우, 볼의 행방이 궁금해서 헤드 업을 할 때가 많고, 그로 인해 여러 가지 실수를 초래하고 있는 것 같다. 그러한 헤드 업의 정도도 사람에 따라 다르므로, 머리를 드는 습관이 있는 사람은 아예 좀더 머리를 들고 쳐보는 것이 어떨까.

이른바 반면교사적인 발상이지만, 볼이 보이지 않음으로써 얼마만큼 치기 힘든지를 이해할 수 있다면, 그 반작용으로 임팩트에서의 헤드 업은 줄어들 것이다.

단, 헤드 업에도 이점은 있다. 그것은 바로 임팩트 이후 오른쪽 어깨가 내려가지 않는다는 것이다. 오른쪽 어깨가 내려가지 않으면 뒤땅치기와 같은 미스도 막을 수 있고, 얼굴이 들림으로써 왼쪽 사이드가 열리므로, 피니시까지 클럽을 편안하게 휘둘러 갈 수 있다.

헤드 업의 강조로 임팩트의 중요성을 알았다면, 오른쪽 어깨에 밀려 얼굴이 올라가는 이미지를 가지면 좋을 것이다.

② 테크닉 훈련

 # 백스윙에서 몸이 흐른다고 한다

> ❗ 백스윙에서 오른쪽 무릎을
> 오른쪽으로 움직여 본다

레슨서의 영향 때문인지, 아마추어들 사이에서 스윙 도중 몸이 흐르는 것을 "스웨이하고 있다"고 말하는 경우가 있다. 그러나 이 '스웨이(sway)'란 정확히 말해서, 임팩트로 향하는 몸의 움직임이 비구선 방향으로 흘러가는 것을 뜻한다.

그러므로 백스윙에서 똑같은 동작이라도, 그것은 단순히 몸이 흐르는 것으로 보는 것이 맞다. 대수롭지 않은 말일지 모르지만, 이렇게 백스윙에서 몸이 흐르는 아마추어도 매우 많다.

결과적으로 시소와 같은 리듬이 되어 버리는 것이 바로 이런 경우인데, 그런 골퍼에게 권하는 방법이란, 백스윙에서 오른쪽 무릎을 오른쪽으로 움직여 보라는 것이다.

어드레스의 위치에서 오른쪽 무릎을 오른쪽으로 움직여 버리면, 그로써 오른쪽 사이드의 벽이 형성되어, 몸은 흐르려고 해도 흐를 수 없게 되어 버린다. 결과적으로 스윙 축의 폭이 넓어져 안정된 샷을 할 수 있게 되는 것이다.

② 테크닉 훈련

 방향성을 안정시키고 싶다

 오른발을 목표에 대해 직각으로 정렬한다

아마추어의 경우 방향성이 안정되지 않는 것은, 대부분 백스윙에서 치켜 올린 클럽의 궤도와 다운스윙에서의 궤도가 일치하지 않음으로써 볼이 흐트러지고 있기 때문이다.

전문서의 말을 빌자면 스윙 플레인(swing plane, 스윙 시 클럽, 손, 팔, 힙 등이 그리게 되는 궤적)의 궤도가 어긋나 있다는 뜻이다. 그런데, 그것을 교정하는 방법으로써 레슨서에 아무리 스윙 축을 이미지한 스윙을 하라고 씌어 있다 해도 그것을 아마추어에게 강요하는 것은 무리한 일이다.

그렇다면 클럽을 올리고 내리는 움직임이 안정될 만한 토대를 만들어 버리면 된다. 그 방법은 매우 간단하다. 어드레스 때 역팔(八)자가 되어 있는 오른발의 발끝을 닫고, 목표 방향에 대해 직각으로 정렬해 주는 것이다. 단지 이것만으로도 백스윙에서 하체가 안정되고, 오른쪽의 벽이 강조됨으로써 언제나 같은 지점으로 클럽이 올라가게 되는 것이다.

방향성이 불안정할 때는 항상 오른발을 직각으로 정렬한다는 것을 기억하자.

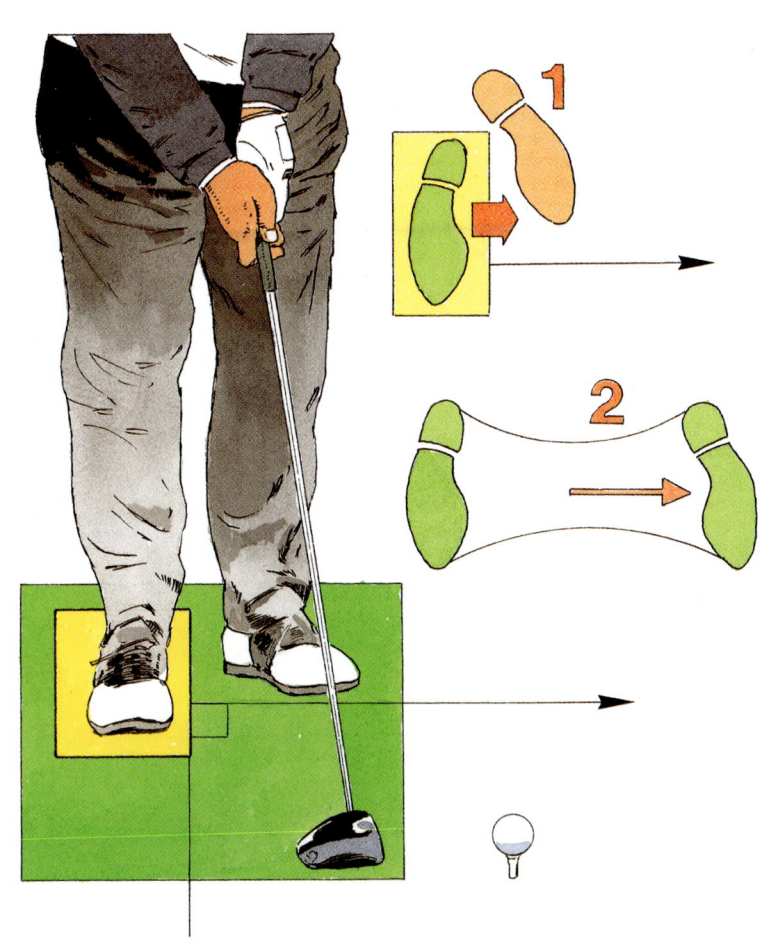

오른발을 목표 방향에 대해 직각으로만 정렬해 주어도, 하체의 안정감이 증가되고 방향성은 크게 향상된다.

 # 역풍이 강할 때는 어떻게 쳐야 하나

 ## 볼을 올리는 것만이 골프는 아니다

골퍼라면 본능적으로 어떻게 쳐야 좋을지 알 거라고 생각하지만, 역풍, 이른바 맞바람 속에서는 역시 낮은 볼로 공격하는 것이 상식이다. 다른 레슨서를 봐도 그와 다름없다. 볼을 오른쪽에 두라거나, 예각에 가까운 다운스윙으로 펀치 샷(punch shot, 양손을 클럽의 앞쪽에 위치시키고 손목을 고정시킨 상태에서 주로 팔뚝을 이용해 휘두르는 샷)을 하듯 쳐나가라고 한다. 그러나, 그런 것은 결과로서 유도되는 것인데 과연 아마추어들이 할 수 있느냐 하면 어쨌거나 못한다는 것이다.

그러므로 독자 여러분에게 하고 싶은 말은, 볼을 올리는 것만이 골프는 아니라는 것이다. 바람에 지지 않을 낮은 볼이 필요하다면, 극단적으로 말해서 퍼터로 굴려가도 좋을 것이다. 퍼터가 아니라도 다소 큰 클럽을 쥐고 그야말로 땅볼을 치는 이미지로, 토핑이라도 좋으니 앞으로 나가기만 하면 되는 것이다.

그런 골프는 폼이 안 난다고 해서 굳이 평소대로 쳐야겠다면 저자는 아무 말도 하지 않겠다. 여하튼 때리기만 하면 된다.

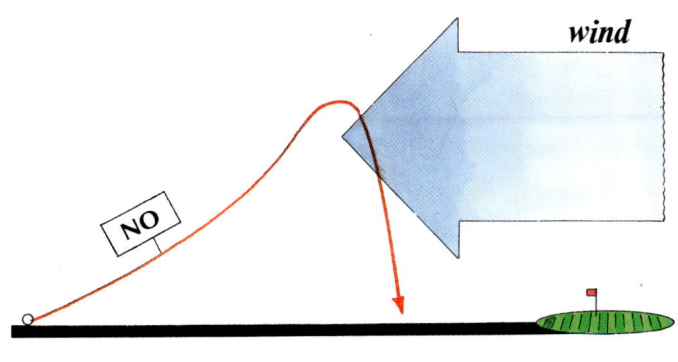

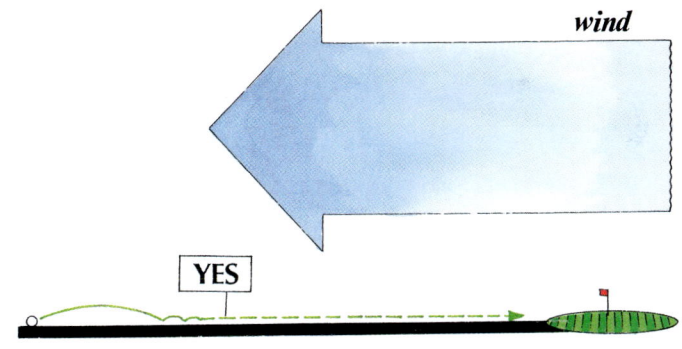

역풍 속에서는 땅볼을 치는 이미지로 나간다.

 # 빗속의 라운드에서 주의할 점

 ## 우산은 반드시 왼손으로 든다

    비옷을 입고 우산을 쓸 만큼 비가 계속 내리는 상황에서, 시합이라면 어쩔 수 없다고 생각하지만, 막상 개인적인 문제가 되면 솔직히 말해서 라운드를 하고 싶지 않다. 비옷 때문에 스윙은 어색해지고 볼은 올라가지 않으며, 스핀이 듣지 않으므로 플라이어(Flier)와 같은 원리에 의해 생각보다 훨씬 더 멀리 날아간다. 볼을 컨트롤하는 것이 골프의 재미라고 할 수 있는데 그것이 불가능하므로, 빗속의 골프는 지루한 것이다.

    그러나 아마추어의 경우에는 한 달에 한 번이나 필드에 나설까? 그러니 그런 빗속에서도 열심히 칠 수밖에 없다.

    이와 같이 비가 올 때 주의해야 할 점은 아무래도 스윙이 급해지기 쉬우므로, 평소보다 템포를 늦추고 천천히 스윙하는 것이 안정된 샷을 낳는 비결이다.

    또, 그 이상으로 중요한 것은 반드시 우산을 왼손에 들라는 것이다. 빗속에서는 감각도 둔하므로 스윙의 이미지를 항상 왼손에 남길 수 있도록, 라운드 중에 우산은 왼손으로 드는 것이 중요하다.

빗속의 라운드에서는 왼손의 의식을 없애지 않기 위해서라도, 우산은 반드시 왼손으로 든다.

② 테크닉 훈련

❓ 볼을 올리려고 한다

> ❗ 어드레스에서 그립의 위치를 몸의 중앙보다 오른쪽에 둔다

볼이 올라가지 않는 최대의 원인은, 올리려고 하는 의식이 너무 강하기 때문이다. 드라이버라면 티 업한 볼을 올려치기로 포획할 수 있는 위치까지 움직여 가기만 하면 되고, 아이언의 경우라면 본래 헤드를 처박아 넣음으로써 백스핀이 가해져 볼도 올라가는 것이다.

하지만 이것이 내일의 골프에도 맞는다는 보장은 없다. 그러므로 볼이 올라가기 쉬운 상태를 만들어 버리면 된다.

즉, 볼이나 헤드는 지금까지 해오던 위치에 그대로 두고, 어드레스에서의 그립의 위치만 몸의 중앙보다 오른쪽에 두는 것이다. 그렇게 하면 누구나 알 수 있겠지만, 우선 로프트가 다소 누운 형태가 되어 쳐내는 위치가 높아진다는 것이다.

그리고 그립이 몸의 중앙보다 오른쪽에 와 있으면, 핸드 퍼스트 (hand first)의 자세에 비해 오른쪽 사이드로 체중이 매끄럽게 옮겨감으로써, 백스윙이 커지고 스윙 파워가 증가하는 이점도 있다.

볼이 올라가고 비거리도 향상되므로, 한번 시도해 보자!

 # 헤드 스피드를 올리고 싶다

 **왼발 발끝을 닫고 오른발 발끝을 연다**

헤드 스피드를 올리고 싶다는 것은, 다시 말해서 이런 고민을 가진 골퍼의 진짜 이유는 비거리를 늘리고 싶어서일 것이다.

그러한 비거리 향상을 내일의 골프에서 실현하기 위해서는 다만 한 가지, 어드레스 때 왼발의 발끝을 닫고 오른발의 발끝을 연 상태로 쳐 보는 것이다. 오른발의 발끝을 넓히고 정렬함으로써 테이크 백에서 오른쪽 사이드를 충분히 사용할 수 있게 되어 백스윙을 크게 취할 수 있다.

또, 다운스윙에서 임팩트에 걸쳐서는 왼발의 발끝을 닫음으로써 왼쪽 사이드의 벽이 만들어져, 그 스윙 파워를 받아낼 수 있다. 휘둘러 내려온 클럽이 이러한 왼쪽 사이드의 벽에 의해 순간적으로 멈춰졌다가, 이른바 지렛대의 원리에 의해 헤드가 단숨에 빠져나가는 것이다.

지금까지 드라이버의 비거리가 고작 200야드에 불과했던 사람도 이렇게 스탠스를 바꾸고 친다면, 20야드는 거리를 벌 수 있다.

 # 페어웨이 우드 · 유틸리티 클럽을 사용할 때 볼의 위치

 ## 치고자 하는 곳에 두면 된다

드라이버보다 짧지만 아이언보다 긴 것이 바로 이 페어웨이 우드와 유틸리티 클럽이다.

그런 클럽을 사용하기에 적당한 볼의 위치가 어디냐고 묻는다면, 골퍼에 따라 체형도 다르고 팔이나 다리의 길이도 다르므로, 본인이 자세를 잡아보고 치고자 하는 지점에 두는 것이 가장 좋다고 대답한다.

다만, 그런 답을 가지고는 기준이 너무 애매해져 버릴 수 있으므로, 하나의 지침이 될 만한 방법을 권한다.

우선 양발을 닫고, 몸의 중심선에 맞춰 볼을 놓는다. 그리고 왼발을 볼 1개분, 혹은 왼발 폭의 반 정도만 왼쪽으로 비켜놓는다. 이 위치가 왼발의 정위치가 되는 것이다. 그리고 오른발은 어깨 넓이 정도가 표준이지만, 사람마다 체형도 제각각이므로 본인이 편안하게 느껴지는 지점까지 움직여 가면 된다.

볼과 몸 사이의 거리는 실제로 사용하는 클럽에 따라 달라진다. 요컨대, 치고자 하는 거리에 맞춰 정렬해 주면 되는 것이다.

 ## 아이언을 사용할 때 볼의 위치

 다른 클럽과 마찬가지로 치고자 하는
곳에 두면 된다

앞서 페어웨이 우드나 유틸리티 항목에서도 말했지만, 이것은 아이언도 마찬가지다.

골퍼 100명이 있으면 100명 모두 그 감각은 제각각인데, "이렇게 하세요", "저렇게 하세요"라고 정확히 못 박아 놓은 레슨서처럼 모두 다 그렇게 되었다면, 아마추어 골퍼는 벌써 프로가 되었을 것이다.

그러나 여전히 아마추어에 머물러 있는 것을 보면, 레슨서대로 잘 되고 있는 것 같지는 않다.

그렇다면 어려운 것은 접어두고, 치고자 하는 곳에 볼을 두면 된다.

그래도 뭔가 지침이 필요하다면 양발을 닫고 몸의 중심선에 맞춰 볼을 정렬한 다음, 이번에는 왼발을 볼 2개분, 혹은 왼발의 폭만큼 왼쪽으로 비켜놓는다. 오른발은 본인이 내키는 지점까지 넓혀주면 된다.

하지만 이것은 어디까지나 레슨서에 있는 것과 같다. 본인이 치기 편한 곳, 이것이 정답이다.

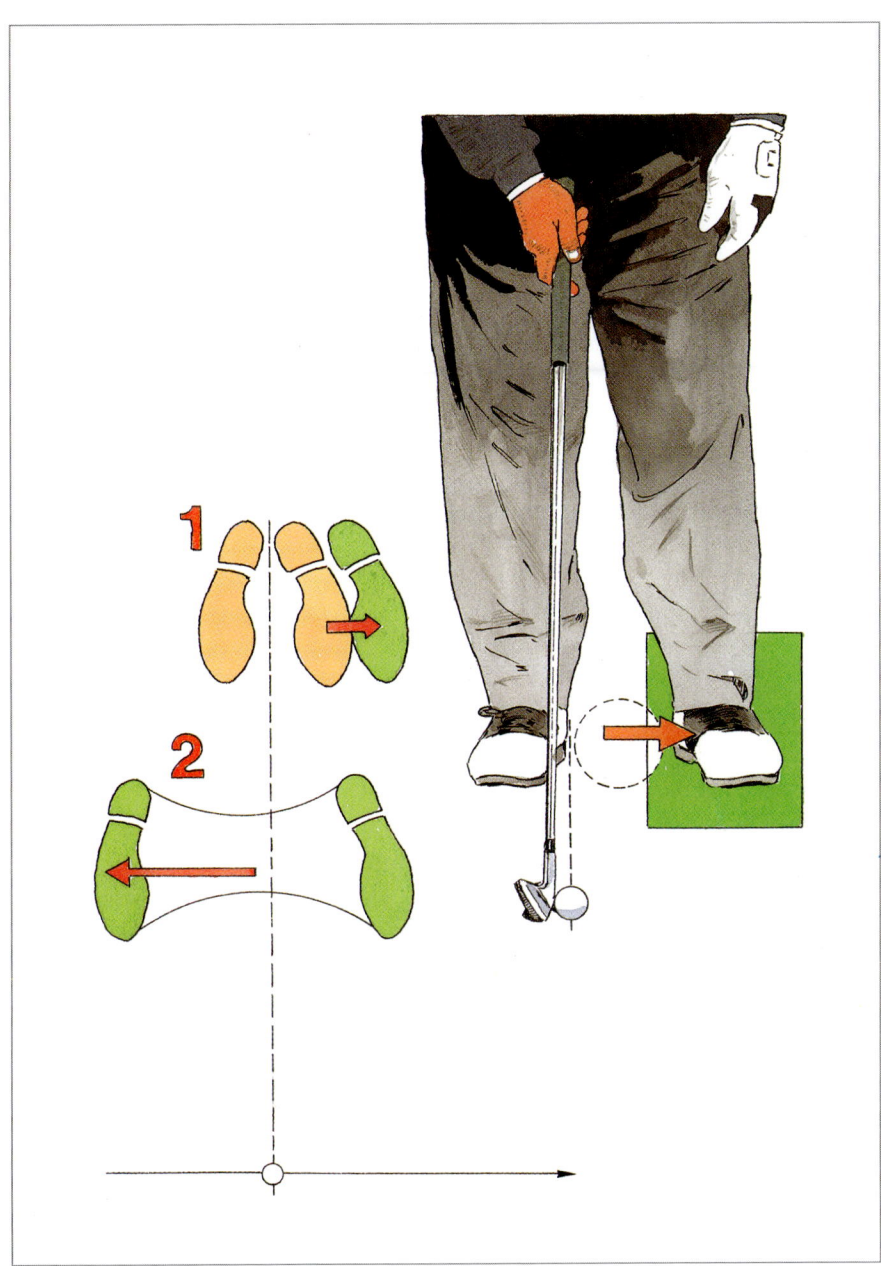

이럴 때는 어떻게 쳐야 하나
(1) 디보트의 후방

 **볼을 오른발 안쪽에 둔다**

디보트 자리에 볼이 들어가 버리는 일이 종종 일어난다. 그때 가장 난감한 경우가 볼이 목표에 대해 맨 앞쪽으로 디보트 자리의 가장 후방에 있을 때이다.

디보트 자리가 클럽 헤드의 폭과 거의 같은 상태라면 헤드가 빠져나갈 수 있으므로 어디에 볼이 있든 사실 그렇게 어렵지는 않다.

그러나 디보트 자리가 헤드의 폭보다 좁은 데다, 그 속에 볼이 들어앉아 있을 때는 프로라 할지라도 더없이 애를 먹는 샷이 요구된다.

이처럼 볼이 디보트 자리의 가장 뒤쪽에 있을 때에는, 헤드를 넣어갈 부분이 보이지 않고 제한되어 있으므로, 일단 슈퍼 샷은 나지 않는다. 아마추어 골퍼라면 1타 손해 볼 각오로 탈출할 생각만 해야 한다.

그런 상황에 빠졌다면, 클럽을 예각으로 내릴 수 있도록 볼을 오른발 안쪽에 정렬한다. 폴로 스루는 필요 없으므로, 임팩트에서 끝낸다는 것을 명심하자.

Divot hole

이럴 때는 어떻게 쳐야 하나
(2) 디보트의 한가운데

❗ 핸드 퍼스트로 정렬한다

　디보트 자리의 상황에서 난감한 두 번째 경우는, 그 한가운데에 볼이 들어가 있을 때이다. 디보트에는 보통 모래가 들어 있기 마련인데, 마침 그 모래 위로 볼이 올라가 있는 상태이다.

　앞서 디보트 자리의 가장 후방에서 쳐나갈 때와 비교한다면, 볼의 상태도 확연히 볼 수 있고 볼 뒤에도 공간이 있으므로 폴로 스루에서 헤드를 빼낼 수 있는 만큼 볼을 치기도 쉽지만, 아마추어에게는 여전히 고난도의 샷이 아닐 수 없다.

　따라서 내일의 골프를 위해, 이런 상황에 빠졌을 때는 핸드 퍼스트로 정렬하고 친다는 것을 잊지 마라.

　스윙의 이미지는 역시 예각으로 헤드를 내리는 것이다. 이러한 상황에서 최악의 결과는 뒤땅치기로 볼 뒤의 모래를 때려 거리를 벌 수 없는 데 있다. 예각으로 헤드를 내려서 토핑에 상관없이 칠 수만 있다면 감지덕지라 생각하고, 스윙이 매끄럽게 이루어지도록 핸드 퍼스트로 자세를 잡는 것이 옳다.

 이럴 때는 어떻게 쳐야 하나
(3) 역방향의 러프에서

무조건 3배의 거리를 친다는 생각으로 때린다

겨울철이라면 잔디가 말라버려 그다지 어려울 게 없지만, 여름철 잔디가 무성할 때 러프에 잡히면 그야말로 고생이다.

그중에서도 가장 난감한 경우는 잔디결을 거슬러 쳐야 하는 러프에서다. 목표 방향으로 휘둘러 가고 싶지만 잔디가 모두 반대쪽을 향하고 있어, 임팩트에서의 저항이 결코 만만치 않다.

당연히 거리도 나지 않고, 어느 정도로 쳐야 할지 힘을 조절하는 일조차 애매할 것이다.

그러므로 내일의 골프를 위해, 이러한 상황에 빠졌을 때 꼭 기억해 두어야 할 점은 강력한 잔디의 저항에 지지 않도록 무조건 나머지 거리의 3배를 친다는 생각으로 휘둘러 가는 것이다.

그만큼 역방향의 러프에서는 잔디의 저항으로 임팩트의 파워가 죽어 버리기 때문에, 50야드를 치는 데도 150야드를 친다는 기분이 필요하다.

그렇다면 나머지가 100야드일 때는? 음~ 타이거 우즈라도 불러와야 하지 않을까.

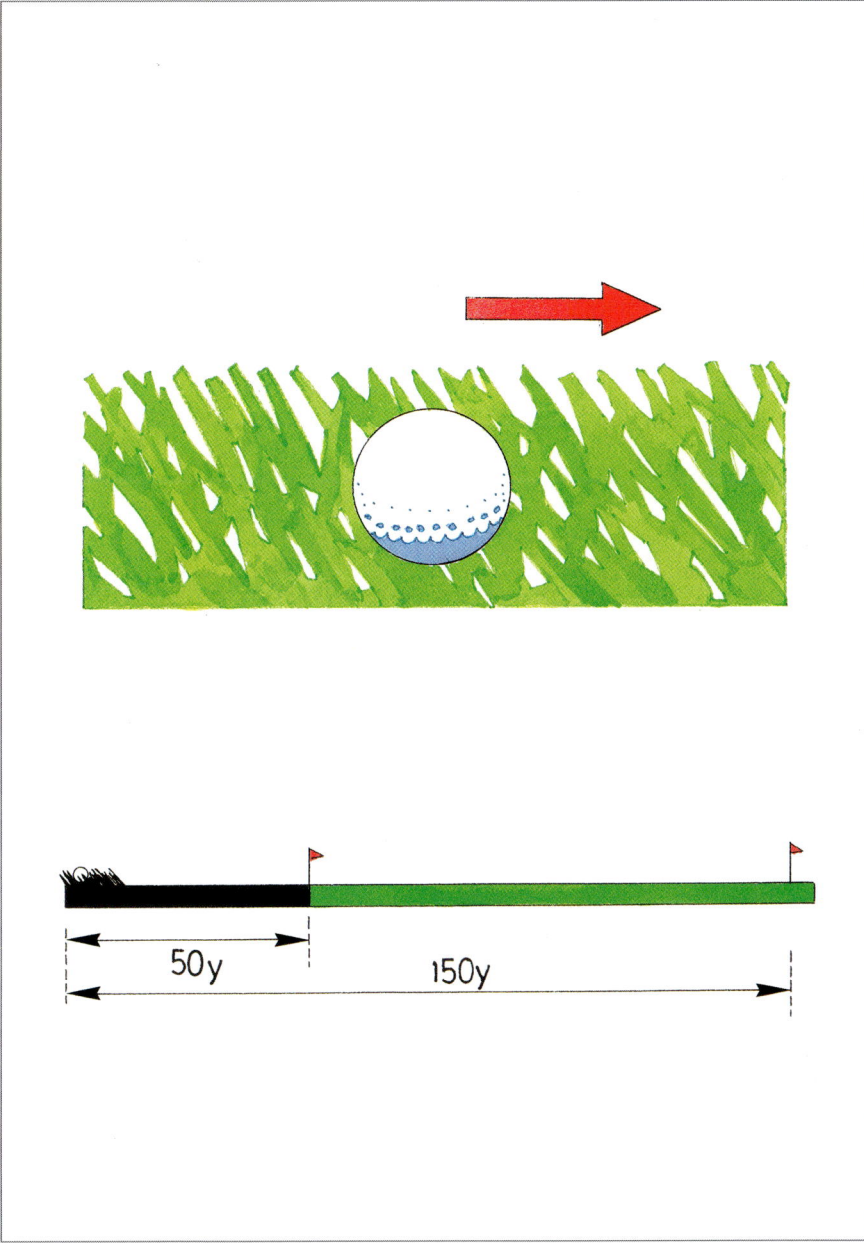

# 이럴 때는 어떻게 쳐야 하나
(4) 순방향의 러프에서

❗ 클럽의 바닥면을 쓸지 않는다

앞서의 상황과는 반대로, 이번에는 잔디결을 따라 치는 러프에서다. 순방향이라면 아무리 거친 러프라도 바닥면은 미끄러져 나가므로 헤드도 쉽게 빠져나간다. 따라서 스윙을 너무 복잡하게 생각할 필요는 없다.

다만 주의해야 할 점은, 순방향의 러프일수록 볼이 움직이기 쉽다는 것이다. 벌점을 받지 않도록, 이러한 러프에서는 바닥면을 쓸지 말라는 것을 강조하고 싶다.

바닥면을 쓸지 말라는 데에는 또 다른 이점도 있다. 헤드가 지면에 닿아 있지 않으므로 클럽을 치켜 올리는 동작이 없어, 테이크 백의 시동에 고민할 필요가 없다. 또한 헤드의 무게를 느끼면서 테이크 백으로 옮겨갈 수 있어, 페어웨이나 티 그라운드보다 스윙이 매끄러워지는 이점이 있다.

매끄러운 시동은 매끄러운 스윙을 약속한다. 타이거 우즈와 같은 멋진 스윙을 할 수 있을지도 모른다!

 # 눈앞에 나무가 있어 그 밑을 통과할 경우

클럽의 번수를 하나 올리고, 오른쪽 어깨도 올리고 정렬한다

　목표 방향으로 눈앞에 키 큰 나무가 있는 상황이라도 볼의 위치가 나무 쪽에 더없이 가깝다면, 이제 볼은 그 나무 밑을 지나쳐 가는 수밖에 없을 것이다.

　그런 나무 밑을 통과해 가려면 필연적으로 낮게 나가는 볼이 요구될 것이고, 그렇게 낮은 볼을 치는 방법은 바로 이렇다. 클럽의 번수를 하나 올려서 로프트를 세우고, 오른쪽 어깨도 올리고 정렬하는 것이다. 평소보다 위에서 볼을 때리기 쉬운 상태를 만들어야 하므로, 이런 자세가 되는 것은 당연하다.

　볼의 위치도 평소보다 1개분 오른발 쪽에 다가가 대주는 것이, 위에서 볼을 때리는 이미지가 솟기 쉬울 것이다.

　나머지는 그 자세 그대로, 클럽을 치켜 올렸다가 볼에 탁 부딪쳐 가기만 하면 된다. 피니시를 취하려고 해도 자연히 헤드가 낮게 나가기 때문에, 높은 위치로 피니시가 취해질 것 같으면 정렬 방법이 잘못된 것으로 봐도 무방하다.

낮은 볼을 칠 때는 클럽의 번수를 하나 올리고, 오른쪽 어깨도 올리고 정렬하자.

② 테크닉 훈련

 눈앞에 나무가 있어 그 위를 넘겨야 할 경우

> ❗ 클럽의 번수를 하나 내리고,
> 오른쪽 어깨도 내리고 정렬한다

앞서의 상황과는 달리 나무에서도 약간 떨어져 있거나 그 높이도 크게 염려될 정도가 아닐 때에는 나무 위로 볼을 높이 올려가기 바란다.

따라서 당연히 이전 항목과는 반대로, 클럽의 번수를 하나 내리고 로프트를 누인 상태로, 오른쪽 어깨도 내리고 정렬해야 한다.

볼을 주워가는 이미지로 높이 쳐내야 하기 때문에, 오른쪽 어깨를 내림으로써 시선도 높아져 자연히 볼은 올라가기 쉬워진다. 이런 상황에서는 볼의 위치도 평소보다 1개분 왼발 쪽에 다가가 대주는 편이, 페이스로 볼을 줍는 이미지가 솟기 쉬울 것이다.

체중이 오른발 쪽에 걸리므로 피니시도 당연히 높은 위치로 마무리될 것이고, 이제 그 자세를 믿고 쳐주면 볼은 훌쩍 올라가 줄 것이다.

다만, 클럽의 번수를 하나 내렸으므로 거리가 떨어진다는 점은 잊지 말도록 한다.

볼을 높이 올리고 싶을 때는 클럽의 번수를 하나 내리고, 오른쪽 어깨도 내리고 정렬하자!

 # 올려치는 홀에서 주의할 점

 ## 목표를 가까운 지면에 설정한다

　레슨서에 따르면 올려치는 홀을 공략하는 방법으로, 클럽의 번수를 올리고 높은 볼로 쳐가라고 되어 있다. 하지만 그러한 이미지를 갖고 있어도 생각대로 잘 되질 않으니 문제가 아닐 수 없다.
　따라서 그보다 좀더 간단히 공략해 갈 수 있는 방법으로 권하고 싶은 것은, 목표를 가까운 지면에 두라는 것이다.
　올려치게 되어 있는 만큼 거리는 길 것이므로 클럽의 번수를 올리는 것은 당연하지만, 가까운 지면에 목표를 설정함으로써 편평한 라이와 같은 시선으로 정렬할 수 있게 된다.
　볼의 위치보다 높은 곳으로 쳐나가기 때문에 볼의 행방이 염려되어 아마추어들은 대개 헤드 업이나 몸을 빨리 열게 마련이지만, 시선을 가까운 곳에 두는 것만으로도 이러한 문제는 사라진다.
　올려치는 샷이 골칫거리인 사람은 내일의 골프를 위해 한번 시도해 보기 바란다.

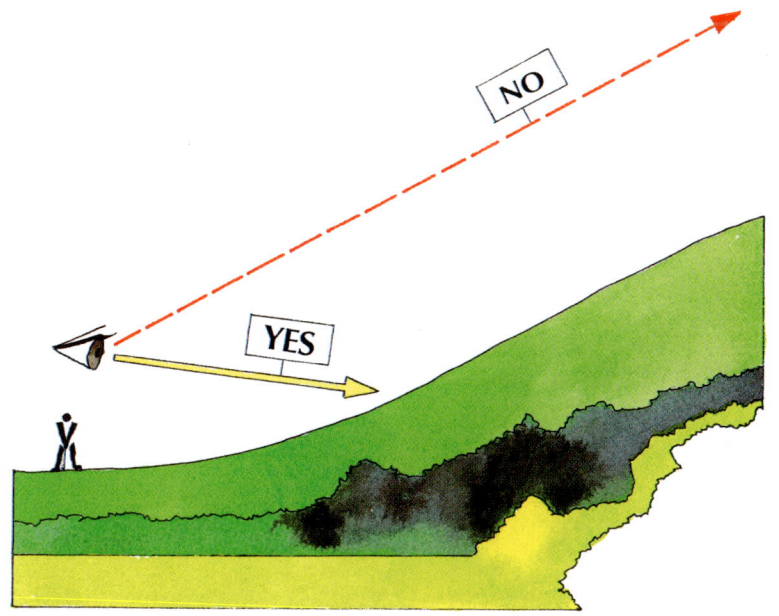

올려치는 홀을 공략하는 방법은 가까운 목표를 향해 스윙하는 것이다. 시선도 내려가고 몸도 열리지 않으므로, 볼은 멋지게 올라갈 것이다!

 ## 내려치는 홀에서 주의할 점

 ### 시선은 자신의 높이와 같이 맞춘다

한편, 앞서의 올려치는 홀과는 반대로 내려치는 홀이라도 기본은 같다. 전에는 올려쳐 가는 만큼 시선을 가까운 지면으로 낮게 두어야 했지만, 이번처럼 내려치는 경우에는 반대로, 자신의 위치와 같은 높이로 시선을 맞추는 것이 그 홀을 공략하는 데 중요한 포인트다.

따라서 극단적으로 내려치는 홀에서 시선을 자신의 높이로 맞추면 깊은 산이나 숲, 혹은 하늘이 되는 수도 있을 것이다.

요컨대, 내려치는 경우에는 특히 마음이 급해서 시선을 떨어뜨리기 십상이다. 그렇게 되면 몸의 움직임이 막혀 헤드 업이나 손이 앞서 나가는 미스도 나기 쉽고, 필연적으로 볼도 휘어 버린다.

시선 하나로 올려치는 홀과 내려치는 홀 모두 쉽게 공략할 수 있으므로 전혀 어렵게 생각할 필요가 없다. 아울러, 내려칠 때는 볼이 공간에 머무는 시간도 길고 거리도 나므로, 번수는 내린다는 사실을 잊지 말자.

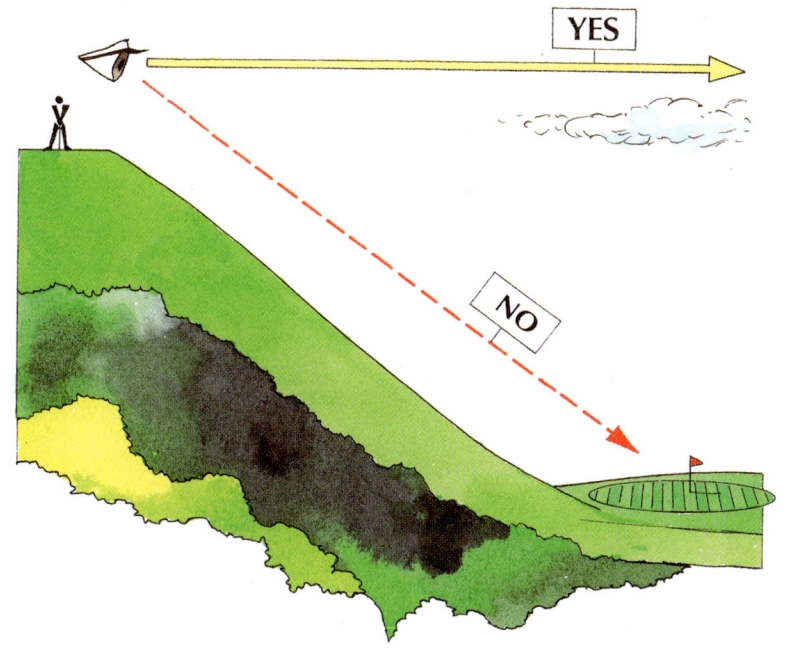

시선을 떨어뜨리지 말고 어드레스의 위치와 같은 높이로 맞추자. 또, 클럽의 번수는 내린다는 것을 잊지 말자.

② 테크닉 훈련

 숲 속으로 들어갔다면

 가까운 곳으로 내보낸다. 급할수록 돌아간다!

숲 속으로 들어갔을 때, 프로들의 시합이라면 핀이나 그린 방향으로 열려 있는 틈새를 찾아, 그곳을 겨냥하고 탈출하는 장면을 자주 봤을 것이다. 그러나 아마추어로서는 도저히 흉내 내기 힘든 일이다.

핀이나 그린을 노리려고 하면 으레 나무에 맞거나 다른 실수를 유발하여, 점점 더 빠져나올 수 없는 구렁텅이로 끌려 들어가게 된다.

이때는 가까운 곳으로 내보내는 것이 무조건 옳고 더없이 당연한 일이다. 하지만, 그렇게 당연한 일을 못하는 사람이 너무도 많다.

그런 숲 속으로 처넣어 버린 자신을 원망하며 그것을 만회하고자 평소 해본 적도 없는, 마치 바늘구멍이라도 통과하는 듯한 샷을 이미지하기 때문에 더욱 안 되는 것이다.

급할수록 돌아가라. 그 홀은 이제 보기(기준 타수보다 1타 많은 스코어)로 충분하다. 다음 샷으로 기분을 바꿔 보려는 용기를 갖는 것이 스코어를 버는 길이요, 당신의 실력을 향상시키는 길이다.

욕심을 부리면 부릴수록 상처는 커지는 법,
급할수록 돌아가라는 말을 명심하자.

 턱 높은 벙커에서는 어떻게 쳐야 하나

 핀을 겨냥하지 않는다

벙커 샷은 평소의 연습에서도 쉽지 않은 법인데, 하물며 턱이 높아지면 아마추어에게는 그야말로 지옥이나 다름없는 상황이다. 그런데도 그들을 보고 있으면 겁이 없다고 해야 할지, 분수를 모른다고 해야 할지 모르겠다. 하나같이 모두 핀을 겨냥하고 있다는 것이다.

두세 번에 탈출할 수 있다면 양호한 편이고, 대여섯 번도 당연한 일이다. 그런 경우가 흔한 것이 이렇게 턱이 높은 벙커인 것이다.

벙커에서는 볼을 올리는 것 자체가 힘든 일이기 때문에 여기서 단숨에 핸디를 써버리므로 백날을 해봐도 스코어는 제자리걸음이다. 앞서 숲 속의 상황과 마찬가지로 잠시 생각을 바꿔 본다면, 턱이 높은 벙커라도 그렇게 어려울 게 없다.

방법은 핀을 겨냥하지 말라는 것이다. 핀 쪽을 노리기 때문에 턱이 높은 것이지, 뒤쪽이라면 당연히 낮을 것이다. 일단 턱이 낮은 쪽으로 내보낸 뒤 다음 샷을 생각하라. 보기로 올릴 수 있는 가능성은 충분히 남아 있다.

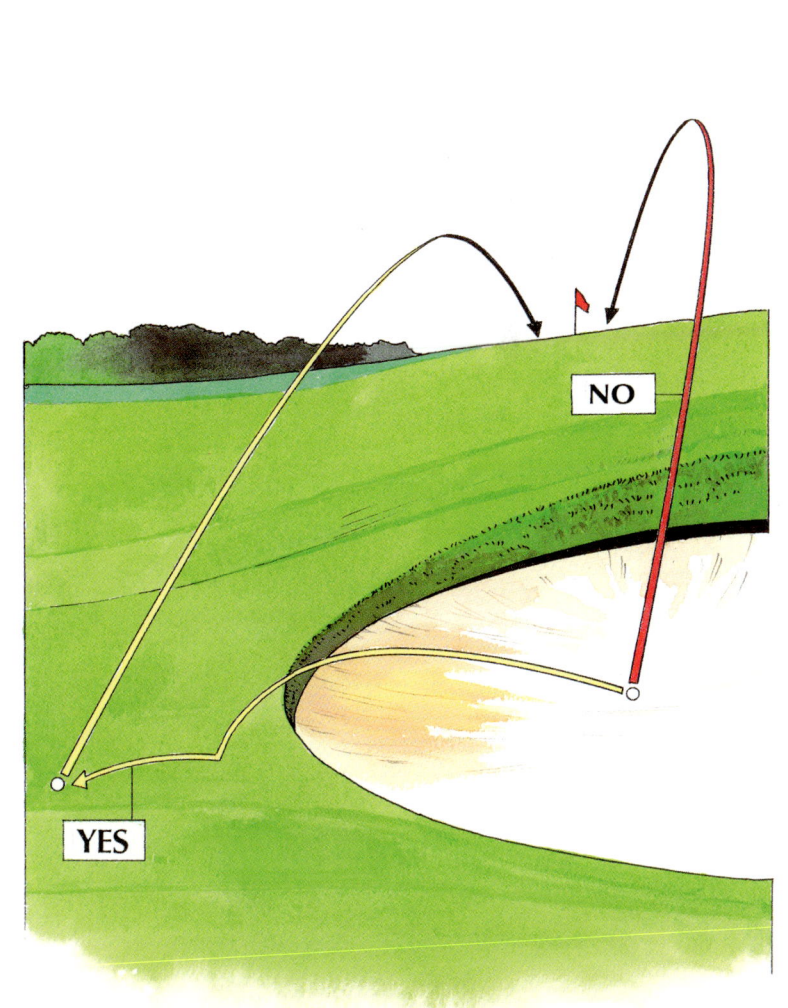

핀을 노리고 싶은 마음은 이해하지만, 그 샷이 제대로 들어갈 가능성은 지극히 낮다. 그렇다면 턱이 낮은 쪽으로 내보낸 뒤 다음 샷을 생각하자.

 거리가 있는 벙커에서는 어떻게 쳐야 하나

 클럽을 짧게 쥐고 있는 힘껏 휘두른다

핀까지 남은 거리가 30야드 이상 되는 벙커에 잡혀 버렸다면 어떻게 해야 할까?

그렇지 않아도 벙커라면 질색인데 거리까지 내야 할 판이니, 아마추어에게는 이것도 시련의 연속일 것이다. 하지만 언뜻 보기에 어려운 일처럼 생각되어도, 사실은 벙커 샷 중에서 제일 쉽게 칠 수 있는 것이 바로 이렇게 거리가 있는 벙커의 경우다.

클럽을 짧게 쥐고, 있는 힘껏 휘두르기만 하면 만사 OK. 아무리 거리를 내려고 해봐야 이 상황에서 쥐고 있는 클럽은 샌드 웨지이고, 기껏 날아봤자 40야드가 고작이다. 더구나 아래는 벙커라서 뒤땅을 치듯 임팩트할 것이 뻔하다. 그러므로 다른 데는 일체 신경 쓰지 말고 있는 힘껏 휘둘러 주기만 하면 된다.

힘을 조절할 필요도 없다. 지금까지 고민하던 일이 거짓말처럼 사라지고 볼은 멋지게 나가 줄 것이다.

거리가 있는 벙커에서는 용기를 가지고 있는 힘껏 휘두른다는 것을 명심하자!

 # 피치 앤 런은 어떻게 쳐야 하나

 ## 피칭 웨지를 사용한다

어프로치에도 여러 가지가 있지만, 아마추어들과 라운드를 하다 보면 종종 피치 앤 런(pitch and run, 처올려서 구르게 하기)에 대해 어떻게 쳐야 하느냐는 질문을 받는다. 그럴 때면 으레 피칭 웨지를 사용하라는 말로 대신하고 있다.

그거야 너무 당연한 것 아니냐고 생각할지 몰라도, 사실은 그 당연한 것 말고는 답이 없다. 구조적으로도 피치 앤 런을 하기 쉽게 만들어진 것이 피칭 웨지이다. 그러므로 이 클럽을 사용하라고 권하는 것이다.

그렇다면 어떤 이미지로 쳐야 하는가. 캐리와 런을 반반씩 내야 하므로 볼은 몸의 중심, 스탠스는 어깨 넓이로 정렬하고, 나머지는 테이크 백과 폴로 스루를 똑같은 폭으로 하여 거리감을 내간다. 그러면 자연히 피치 앤 런이 된다.

특별히 어려울 것은 없고, 다만 피칭 웨지로 올렸다 내려주면 그뿐이다.

 # 러닝 어프로치는 어떻게 쳐야 하나

 **8번 아이언으로 친다**

여러 가지 어프로치 샷이 있는 가운데, 그 기본 중의 기본이 바로 이 러닝 어프로치(running approach)이다. 그린 주변은 물론, 50야드 가까운 거리라도 핀까지 가는데 장애가 없다면, 이것만큼 안전하고 확실한 어프로치는 없다.

그러나 아마추어들은 텔레비전의 골프 중계 탓인지, 프로와 같은 어프로치를 동경해 볼을 높이 올렸다가 멈추고 싶어한다. 하지만 그로 인해 미스를 범하고 자멸하는 일 또한 허다하다.

내일의 골프를 위해, 그야말로 믿을 수 있는 러닝으로 공격해 보자. 그러한 러닝 어프로치는 어떻게 쳐야 하나. 정답은 8번 아이언으로 치라는 것이다. 스탠스는 어깨 넓이보다 약간 좁게 정렬하고, 볼의 위치도 몸의 중심보다 볼 1개분 오른쪽 가까이에 둔다. 클럽은 다소 짧게 잡고 볼과의 거리도 가깝게 선다. 거리감은 피치 앤 런과 마찬가지로, 테이크 백과 폴로 스루의 진폭을 맞추기만 하면 된다. 간단하고도 확실한 방법이므로 한번 시도해 보자.

Running approach

 # 로브 샷은 어떻게 쳐야 하나

❗ 샌드 웨지로 친다

프로처럼 볼을 훌쩍 올렸다가 딱 멈추게 하는 어프로치는 그야말로 아마추어들에게 동경의 대상이다.

그러나 앞서도 말했듯이, 필요로 하지 않는 상황에서도 아마추어들은 이러한 볼을 치고 싶어하니 난감할 따름이다. 대전제로서 우선은 러닝, 그 다음에 피치 앤 런을 할 수 있는지 생각해 본다. 그래도 역시 연못이나 벙커를 넘어야 하고, 핀도 가까이 있는 상황이 된다면 비로소 이 로브 샷(lob shot, 로프트가 있는 클럽으로 볼을 짧고 높게 쏘아올리는 샷)이라는 서랍을 열면 된다.

그렇다면 이 샷은 어떻게 쳐야 하나. 정답은 로프트가 가장 크고 볼을 올리기 쉬운 샌드 웨지를 사용하는 것이다. 스탠스는 다소 넓게, 볼의 위치는 몸의 중심보다 1~2개분 왼발 가까이에 둔다. 그립은 몸의 중앙이며, 볼과의 거리는 반 보 정도 떨어져 선다. 이것으로 어드레스는 끝이다. 거리를 내는 방법은 어프로치 모두 공통이다. 테이크 백과 폴로 스루의 진폭을 똑같이 해주면 된다. 거리는 나지 않으므로 휘두르는 폭에 주의하자.

 백스핀을 걸려고 한다

 필요는 없지만……

　로브 샷과 더불어 아마추어들에게 동경의 대상은 바로 이 백스핀이다. 하지만 러닝 어프로치로 공략하는 편이 훨씬 안전하고, 백스핀은 필요 없다는 것이 저자의 대답이다.
　그래도 굳이 하겠다는 사람도 있을 것이다. 따라서 할 수 있을지 없을지는 별도로 치더라도 그 과정만은 알려두기로 하자.
　5, 6, 7번 아이언과 같이 거리가 나는 샷에서 백스핀을 건다는 것은 우선 불가능하다. 아마추어라도 어프로치에서 백스핀을 거는 일 정도는 실감할 수 있을지 모르겠다.
　페이스가 직각인 상태가 시계로 말해서 12시라면, 백스핀을 걸고 싶을 때는 리딩 에지(leading edge, 클럽 페이스의 맨 아래 모서리)를 2시까지 연다. 스탠스는 목표에 대해 직각으로 정렬하고 천천히 친다. 천천히 침으로써 볼은 포획되고, 사이드 스핀이 되지 않으므로 볼에 적정한 백스핀이 걸리는 것이다. 하지만 생크나 토핑도 나기 쉽다는 것을 명심한다.

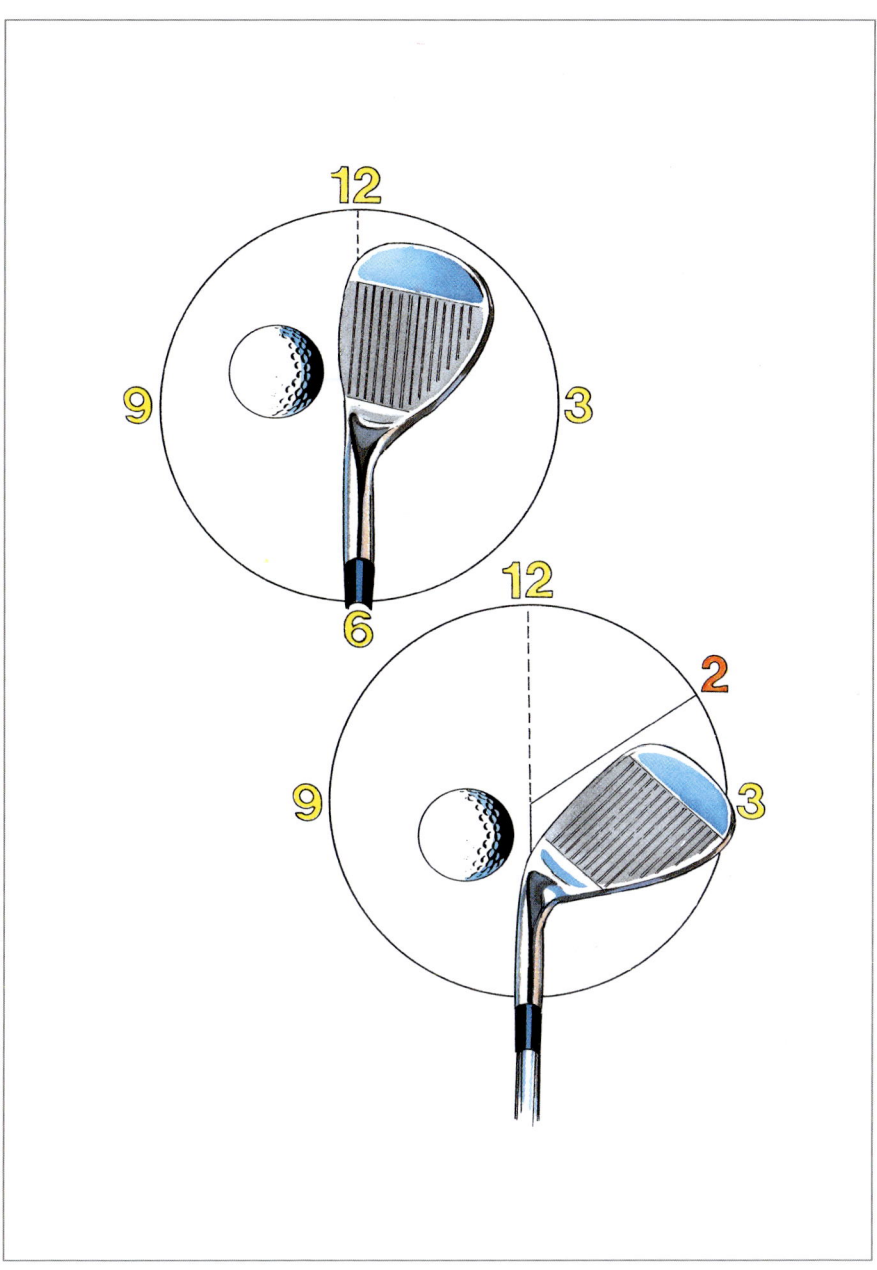

퍼팅 시 볼의 위치

부디 원하는 곳에 둔다

퍼팅에 스타일 없다는 말은 자주 듣는 격언이지만, 과연 그 말은 맞는 것 같다. 사람에 따라 치기 쉬운 스타일도 제각각이고, 볼의 위치에 대해서도 어디가 좋으냐고 물어봐야 대답만 궁색해진다.

결론부터 말하자면, 부디 원하는 곳에 두라는 것이다.

그렇다고 해서 어디든 좋다는 것은 아니다. 원하는 곳이란 목표에 대해 헤드를 보내기 쉽고, 폴로 스루를 취하기 쉬운 장소라면 오른쪽이든 왼쪽이든 상관없이 어디든 원하는 곳에 두라는 의미다.

이상적인 위치로 말하자면, 퍼팅의 경우 두 눈 밑에 볼을 두는 것이 퍼터를 진자의 이미지로 휘둘러 가기 쉽고, 시선도 어긋나지 않으므로 스트로크도 안정된다. 그러나 이것은 어느 레슨서에나 씌어 있는 말이다.

감성은 사람에 따라 다르므로, 두 눈 밑이 힘들게 느껴진다면 본인이 편하게 느껴지는 곳으로 바꿔 주면 된다.

퍼팅에서의 볼의 위치는 폴로 스루에서 헤드를 보내기 쉽다고 느껴지는 곳이면 어디나 좋다.

 # 퍼트의 거리가 맞지 않는다

 ## 퍼터 헤드를 띄우고 쳐본다

    퍼트의 거리감이 맞지 않는다고 하는 아마추어도 매우 많다. 그러나 이것은 단번에 고칠 수 있으므로, 평소에 이러한 경향이 있는 사람은 내일의 골프를 위해 한번 시도해 보기 바란다. 그 방법이란, 퍼팅 시 어드레스를 취했으면 헤드를 띄워서 정렬하고 헤드의 무게를 느끼면서 쳐보라는 것이다.

    이것은 휴지를 휴지통에 던져 넣는 것과 같다. 팔꿈치를 책상에 붙인 채 휴지를 던지려고 하면, 힘의 조절이나 방향성은 안정되지 않을 것이다. 그러나 팔꿈치를 띄우고 휴지를 던져보면 힘을 어떻게 조절해야 할지 금세 알 수 있으므로 거리감을 맞추기 쉽고, 방향성도 안정되어 올 것이다.

    퍼팅도 감각으로는 이와 같아서, 헤드를 띄움으로써 자연히 헤드의 무게를 느낄 수 있게 되고, 폴로 스루에서 헤드가 빠져나가므로 거리감을 내기 쉬워지는 것이다. 내일의 골프를 위해 한번 속는 셈치고 시도해 보라. 아마도 깜짝 놀라지 않을까.

퍼트의 거리감이 맞지 않는 사람은 퍼터 헤드를 띄워서 정렬하고, 스트로크해 간다. 헤드를 띄우는 폭은 약 1cm 정도다. 극히 일반적인 볼펜의 폭이다!

어떤 상황에서도 벗어날 수 있는 도우미 칼럼

베어 그라운드에 볼이 있을 때

자신이 치고 싶은 클럽보다 번수를 하나 올려서 친다

베어 그라운드란 잔디나 풀 없이 맨땅이 그대로 드러난 곳이라, 볼만 깨끗이 친다는 것이 아마추어에게는 여간 힘든 상황이 아니다.

그러나 내일의 골프를 위해, 그런 맨땅으로 들어갔을 때 주의할 점을 기억해 두기 바란다.

방법은 자신이 치고 싶은 클럽보다 번수를 하나 올리는 것이다.

베어 그라운드에서 범하고 싶지 않은 최대의 실수는, 뭐니 뭐니 해도 뒤땅을 쳐버리는 것이다. 볼을 깨끗이 못 쳤을 때는 비거리를 크게 잃어버릴 상황이지만, 뒤땅을 치지 않으려고 생각하면 할수록 뒤땅을 치게 되는 것이 아마추어다.

그러므로 뒤땅치기를 미리 감안하고, 뒤땅을 쳐도 좋다는 마음으로 치기 위해 번수를 하나 올려두는 것이다.

마음에 여유도 생기고, 설사 뒤땅을 치더라도 번수가 올라가 있는 만큼 거리도 벌 수 있다. 요컨대 기분상의 문제인 것이다.

스코어를 줄이는 노하우

제3장

슬라이서는 티 그라운드의 어디에 서야 하나

 슬라이스를 창피해하지 않는다

슬라이스 볼을 창피하게 생각하는 슬라이서도 매우 많은 것 같다.

그러나 생각을 좀 바꿔보자. 똑바로 치려고 해도 슬라이스해 버리니 슬라이서라는 말을 듣는 것이 아닌가. 따라서 이것을 다만 슬라이스 볼을 치고 있다고 생각한다면, 창피하게 여길 필요가 전혀 없다.

그렇게 휘는 것을 감안하고 샷을 해가면 된다. 그러면 골프가 훨씬 편하게 느껴질 것이다. 티 그라운드에서는 마땅히 슬라이스할 것을 생각해서 티의 오른쪽 사이드에 티 업하고, 그 홀의 왼쪽 사이드를 겨냥해 간다는 당연한 답이 나와 버린다. 요컨대 기분상의 문제다.

당당하게 티의 오른쪽 사이드에 서서 슬라이스 볼을 쳐간다면 여유도 생기고, 스코어 향상도 문제없다. 골프는 정신적인 스포츠다. 슬라이서는 슬라이스를 부끄러워하지 않는 것이 중요하다.

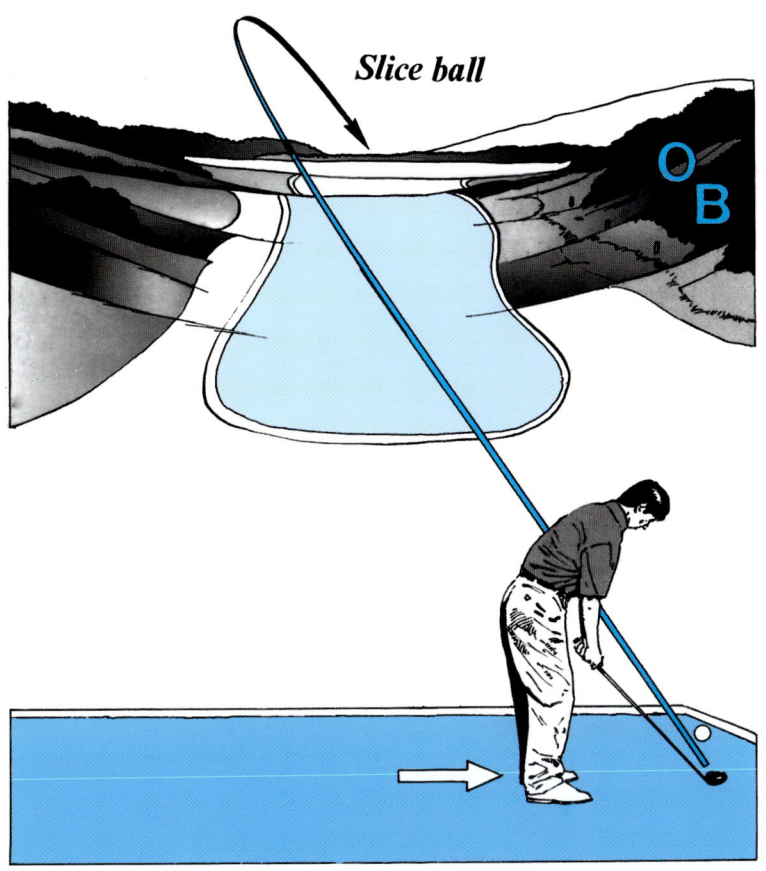

슬라이서라는 것을 창피하게 생각하지 말고, 티 그라운드의 오른쪽에서 과감하게 슬라이스 볼을 쳐가자.

 ## 후커는 티 그라운드의 어디에 서야 하나

 **톱 아마추어로 올라서는 입구로 생각한다**

앞서와는 정반대의 상황이다. 후커(hooker) 역시 생각을 바꾼다면, 골프가 크게 달라질 것이다.

티 그라운드에서의 위치는 슬라이서의 정반대다. 티의 왼쪽 사이드에 서서 오른쪽 사이드를 겨냥해 가면 된다. 하지만 자신의 구질인 훅을 자랑스럽게 생각한다면 스코어는 크게 향상될 것이다. 왜냐하면 대다수의 골퍼가 슬라이스로 고민하고 있는 가운데, 훅이라는 것은 볼이 포획되지 않고는 나올 수 없는 구근이다. 그래서 런도 나고 비거리도 난다. 슬라이서에 비해, 기술 수준은 단연 위다.

슬라이서는 훅을 칠 수 없지만, 후커는 깎아치기(측면 회전을 주면서 볼을 때리는 것. 이 결과 볼은 공중을 날아가면서 왼쪽에서 오른쪽으로 휜다)로 스윙에 들어가면, 페이드(fade)나 슬라이스도 가능하다. 볼을 컨트롤하는 것은 골프를 만들어 가는 데 있어선 매우 중요한 일이다. 따라서 후커는 톱 아마추어로 올라서는 입구에 서 있는 것과 같다. 자신감을 가지고 훅을 쳐나가자.

후커는 볼을 컨트롤하는 데 있어, 기술도 레벨도 다른 골퍼보다 단연 위에 있다. 자신의 훅에 자신감을 갖는 것이 중요하다.

③ 스코어를 줄이는 노하우

 고반발 드라이버는 이렇게 쳐라

 티를 높이고 페이스의 상부로 때리는 이미지를 갖는다

요즘은 비거리를 늘릴 수 있다는 고반발(高反撥) 드라이버가 대다수를 차지하고 있다. 페이스가 휘는 것은 물론, 헤드 전체를 휘게 함으로써 큰 비거리를 실현한다는 점에서 그 효율을 높이기 위해 400㎤가 넘는 대형 헤드 클럽이 주류를 이루고 있다. 하지만 이런 종류의 클럽을 사용해도, 비거리는 전과 다름없다고 한탄하는 골퍼도 많다. 그것은 이들 클럽의 장점인 고반발의 효과를 제대로 끌어내지 못하고 있기 때문이다.

저자는 여러 가지 클럽을 써볼 기회도 많지만, 고반발로 가장 큰 효과가 나타나는 것은 중심점인 스위트 스팟(sweet spot)보다 상부로 올려치듯 볼을 때렸을 때이다. 스위트 스팟보다 아래쪽으로 때리면 비거리는 나지 않고, 땅볼이 될 뿐이다. 그 때문에라도 티를 높이고, 올려치듯 볼을 때리는 의식을 갖는 것이 중요하다. 모처럼 비거리가 나는 클럽을 쥐었으면, 그 효과가 제대로 나타나도록 티를 높인다는 점을 잊지 말도록 한다.

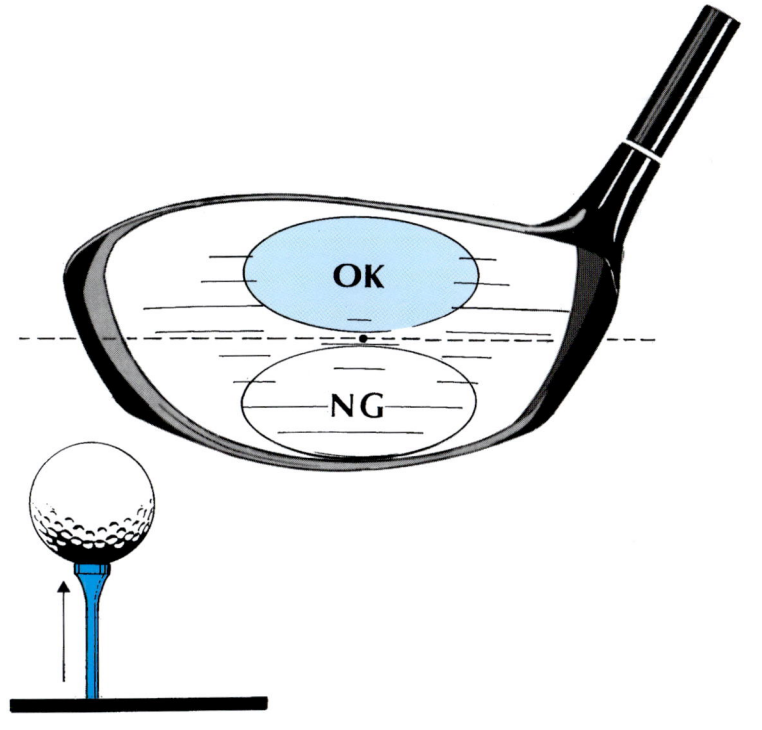

고반발 드라이버의 경우, 장점이 가장 크게 나타나는 것은 스위트 스팟의 상부이다. 그 효과를 보기 위해서도 티를 높이고, 올려치듯 볼을 때려가자.

 # 클럽 세팅을 생각해라

이제 4번 아이언은 필요 없다

　최근의 아이언은 보통 5번부터 챙기는 것을 많이 볼 수 있지만, 10년 전까지만 해도 10개 세트라는 메이커의 상술도 작용해, 3번 아이언부터 갖추는 것이 주류를 이루었다.

　그러나 아직도 이 3·4번 아이언을 장식품처럼, 치지도 못하면서 폼으로 넣고 다니는 골퍼가 눈에 많이 띈다. 저자가 볼 때, 롱 아이언은 이미 아마추어들에게 있어선 한물 지난 것이다. 이제는 그만 허세를 버리고, 좀더 볼을 올리기 쉽고 편하게 칠 수 있는 클럽을 가지고 다니라고 말하고 싶다.

　프로의 세계에서도 7·9·11 같은 페어웨이 우드는 물론, 유틸리티 클럽을 많이 챙기고 있는데, 무엇 때문에 기술적으로 뒤지는 아마추어가 볼이 올라가지 않는 3·4번 아이언을 고집하는지 도대체 알 수가 없다.

　폼만 잡아봐야 골프는 더욱 힘들어진다. 페어웨이 우드나 유틸리티 클럽으로 확실하게 스코어를 잡아 나가자.

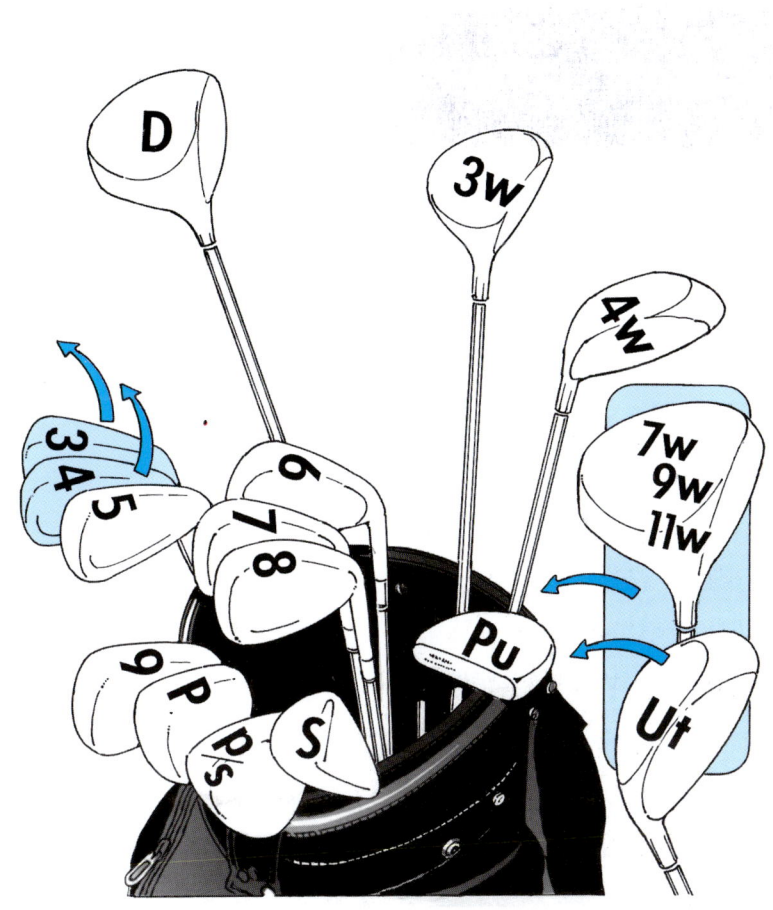

3, 4번 아이언은 이미 아마추어에게 있어선 무용지물이다. 좀더 편리한 페어웨이 우드나 유틸리티 클럽을 챙긴다면, 골프는 더욱 쉬워진다!

 # 편리한 드라이버 구분하는 법

 ## 헤드가 크고 샤프트가 짧은 것을 고른다

비거리를 늘리기 위해 헤드의 고반발화와 대형화가 드라이버의 주류를 이루고 있지만, 사실상 이러한 대형화의 흐름은 골퍼들에게도 큰 힘이 되고 있다.

큰 헤드란 다시 말해서, 중심을 벗어난 상태에서도 헤드가 본래의 상태로 있으려고 하는 힘이 있다. 전문적으로는 관성 모멘트가 강하게 작용한다고 말한다. 이것은 골퍼가 실수를 범했을 때에도 헤드가 제 위치에서 벗어나지 않음으로써 방향성이 안정되는 힘이다.

또한, 샤프트도 한때는 길이가 갖는 장점 때문에 헤드 스피드를 올리는 48인치의 장척 클럽이 유행하기도 했다. 하지만 휘두르기 힘들다는 이유로 자취를 감추고, 최근에는 휘두르기 편한 점을 중시한 45인치를 밑도는 클럽이 그 주류를 이루고 있다.

그야말로 편리한 드라이버의 기준은 이 두 가지다. 헤드가 크고 샤프트가 짧은 클럽을 사용하는 것이다. 헤드가 큰 클럽은 마음에 들지 않는다고 할지 모르지만, 클럽의 진화는 골퍼에게도 큰 힘이 되어주는 것이다.

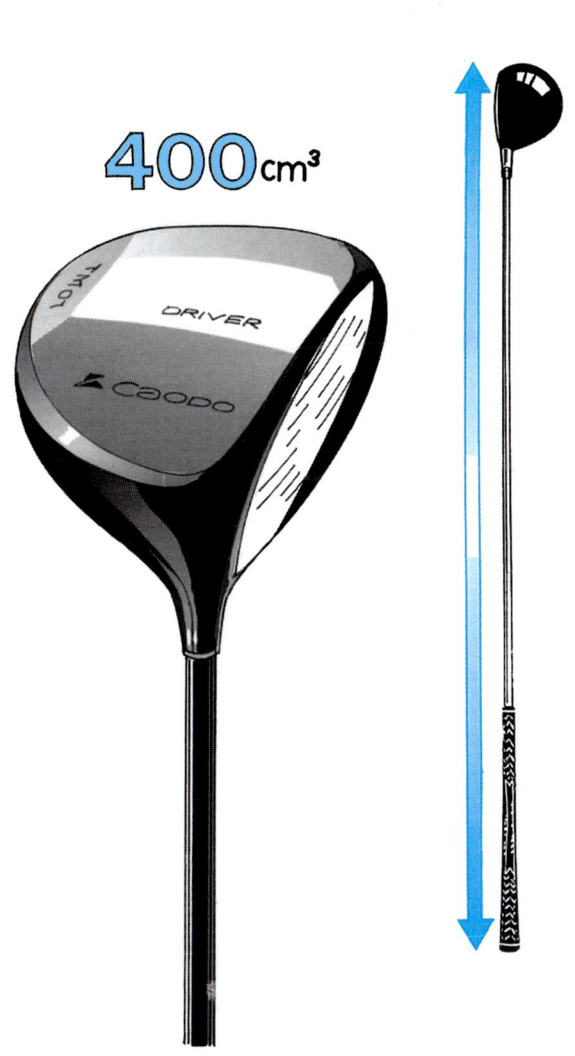

헤드가 크고 전체의 길이는 짧다. 이처럼 밸런스에 틈이 느껴지는 드라이버야말로, 아마추어에게 있어선 편리한 드라이버의 특징이다.

 # 편리한 아이언 구분하는 법

 **볼품없는 모양이야말로 편리한 아이언의 특징이다**

골프 클럽에 대해 전혀 지식이 없는 사람도 드라이버처럼 편리한 아이언을 구분하는 방법을 알 수 있다.

세상에는 보통 폼 나는 클럽으로 불리는 것이 있는데, 그 특징은 헤드의 크기가 작고 보기에도 날렵한 것이다. 클럽의 중량도 묵직하니 무게가 나가는, 마치 역기 같은 클럽이다. 상급자가 사용하는 아이언 중에, 이처럼 폼 나는 모양의 클럽들이 많다. 기술이 있고 중심을 벗어나지 않으면서 파워도 있다면 이러한 아이언도 잘 다룰 수 있겠지만, 그런 폼 나는 아이언이란 대부분의 아마추어들에게는 아무런 이점도 없다.

결국은 이 모든 점과 반대되는 클럽이야말로 편리한 아이언인 셈이다. 헤드가 크고 바닥면의 폭도 넓으며, 클럽의 중량도 마치 젓가락처럼 가볍다. 이렇게 세상의 눈으로 보기에는 볼품없는 것이야말로 편리함을 고루 갖춘 아이언이므로, 클럽을 선택하기 힘들 때에는 이러한 점을 꼭 기억해 두자.

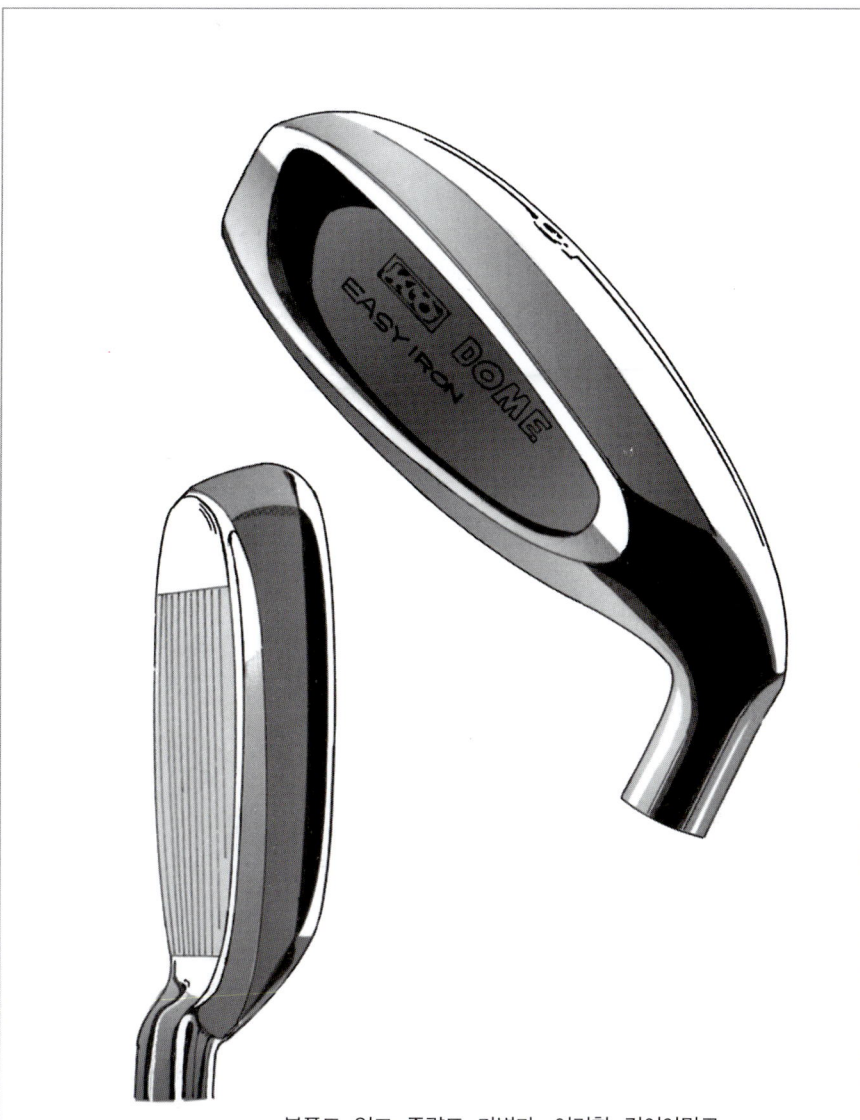

볼품도 없고 중량도 가볍다. 이러한 것이야말로 편리함을 고루 갖춘 아이언의 특징이다.

③ 스코어를 줄이는 노하우

 # 티 샷은 드라이버라고 누가 말했나

 ## 아놀드 파머이다

세계의 골프를 거슬러 올라가다 보면, 많은 골퍼의 뇌리에 선율처럼 아로새겨져 있는 사람이 있다. 그가 바로 꿈의 대상, 아놀드 파머일 것이다.

텔레비전 화면에서 흘러나오는 강렬한 드라이브가 걸린 드라이버 티 샷. 압도적인 그 비거리에, 사람들은 모두 그처럼 드라이버로 날려 보고 싶다는 생각을 했을 것이다.

하지만 그런 파머도 사실은 스코어를 벌기 위해, 드라이빙 아이언을 티 샷에서 많이 사용했다. 압도적인 비거리를 자랑하며 그 비거리로 세계에 골프를 널리 알린 파머조차도 안전책을 택해, 치기 편한 클럽을 사용하고 있었던 것이다.

그러므로 아마추어도 드라이버 일변도의 티 샷이 아니라, 볼을 올려서 편안히 칠 수 있는 페어웨이 우드나 유틸리티 클럽을 사용하는 것이 스코어를 편하게 줄여갈 수 있는 길이다. 골프는 생각하는 스포츠임을 명심하자.

 ## 연습장이 없을 때 워밍업을 하는 방법

 **클럽 세 개를 쥐고 천천히 휘두른다**

아마추어 중에는 연습장이 있든 없든, 몸 한 번 움직이지 않고 식전부터 티 샷을 쳐나가는 사람이 있다. 저자의 눈에는 그것이 골프를 얕보고 있는 것으로밖에 생각되지 않으며, 그런 사람들은 으레 스코어가 향상되지 않는다고 불평을 해댈 때가 많다.

연습장이 있으면 워밍업을 겸해서 그날의 구근을 보고 난 뒤에 스타트할 수 있다. 스타트 전의 습관으로 연습장을 활용하는 것은 골퍼로서 당연한 일이다.

그러나 골프장에 따라서는 연습장이 딸려 있지 않은 곳도 있다. 그런 경우에는 어떻게 할 것인가. 그때 워밍업을 하는 방법으로 권하는 것이, 클럽 세 개를 쥐고 천천히 스윙하라는 것이다.

평소보다 3배의 무게로 클럽을 휘두름으로써, 스윙에 필요한 팔이나 다리의 근육이 조금씩 풀려간다. 이때 천천히 휘두르는 것이 중요하다. 이것은 스트레칭 효과도 높으므로 실천해 보면 스코어 향상에 큰 도움이 되는 워밍업임을 알 수 있을 것이다.

퍼팅 그린 활용법

스타트 전에 클럽 하우스와 평행으로 긴 거리를 쳐본다

    골프장은 대개 산을 깎아 지어놓은 경우가 많아서, 클럽 하우스로 가는 진입로도 가파른 비탈을 따라 자동차로 올라가야 한다. 골프장 중에서도 가장 높은 위치에 클럽 하우스가 있고, 그곳을 기점으로 해서 산기슭으로 각 홀이 펼쳐져 있는 것이다.

    이러한 입지 상황을 염두에 둔다면 그 골프장 전체의 잔디의 특징을 알 수 있다는 것이다. 잔디결은 보통 물의 흐름에 따라 높은 곳에서 낮은 곳으로 향하고 있다. 그러므로 클럽 하우스에서 나와 퍼팅 그린에서 볼을 굴릴 때, 클럽 하우스와 평행이 되게 서서 긴 거리를 왕복하며 볼을 굴려보는 것이 좋다.

    편평한 라이라도 볼이 어느 한 쪽으로 휠 때에는 잔디결의 영향 때문이다. 따라서 클럽 하우스의 위치를 염두에 두고 각 홀로 나아간다면, 잔디의 상황도 파악할 수 있다.

    퍼팅 그린은 볼을 굴릴 뿐 아니라 스코어를 잡을 수 있는 힌트도 많이 간직하고 있다.

코스 안에서도 클럽 하우스의 위치를 파악해 둠으로써, 코스 전체의 잔디 상태를 알 수 있다.

③ 스코어를 줄이는 노하우

 ## 스윙 중 들어가는 힘을 빼는 방법

 항문을 조여 본다

    이 문제는 솔직히 말해서 골퍼들에게는 영원한 고민거리다. 프로도 이때다 싶을 때의 스윙에는 힘이 들어가고, 그 힘으로 인해 갖가지 실수를 범하게 되는 것이다.

    하물며 아마추어 골퍼라면, 식전의 티 샷이나 나이스 샷을 한 뒤의 세컨드 샷 등, 몸에 힘이 들어갈 요소는 얼마든지 많다.

    그래서 저자도 전부터 몸에 힘이 들어갈 때 실천하고 있는 방법이 있다. 그것은 바로 항문을 조이는 것이다. 버팀대가 되고 있는 발목과 함께, 항문은 이른바 몸의 중심이다. 항문을 조이는 데 의식을 집중하면, 한껏 힘이 들어가 있던 몸에서 자연히 그 힘은 빠져나간다.

    힘이 빠지면 몸이 매끄럽게 움직이므로 헤드는 달리고 비거리도 난다. 힘을 빼려고 심호흡을 하거나 팔을 휘두르는 사람도 많지만, 그런 것과는 비교도 되지 않는다. 한번 시도해 보기 바란다.

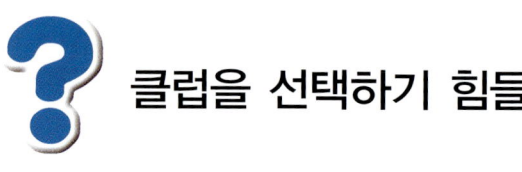 클럽을 선택하기 힘들다

 자신 있게 휘두를 수 있는 클럽을 사용한다

핀까지 남은 거리가 175야드라고 하자. 많은 아마추어의 경우, 더 이상 좋을 수 없을 만큼 잘 쳤다고 해봐야 4번이나 5번 아이언의 거리일 것이다. 그와 같은 상황에서는 클럽을 고르는 일도 쉽지 않을 것이다. 그런데 평소 연습장에서 이 4번이나 5번 아이언을 얼마만큼이나 연습하고 있을까. 연습량도 적으니, 잘 쳤다는 조건이 붙어야 비로소 감당할 수 있는 거리다. 그 상황에서 클럽 선택에 고심하는 아마추어의 생각 속에 그런 이미지는 전혀 없다. 그리고 예상대로 실수를 범해 벙커에 잡히거나 연못에 빠져 상처만 더욱 커질 뿐이다.

이처럼 클럽을 고르기 힘들 때 명심해야 할 것은, 반드시 그 거리에 닿게 할 필요는 없다는 것이다. 자신 있는 클럽이 PW(피칭 웨지)라면, 그것을 두 번 때리면 그린에 도달할 터이다. 요컨대, 자신 있게 휘두를 수 있는 클럽을 사용하는 것이다.

골프는 머리로 생각하는 스포츠다. 본인 나름의 최선책을 찾는 것이 스코어 향상으로 가는 길이다.

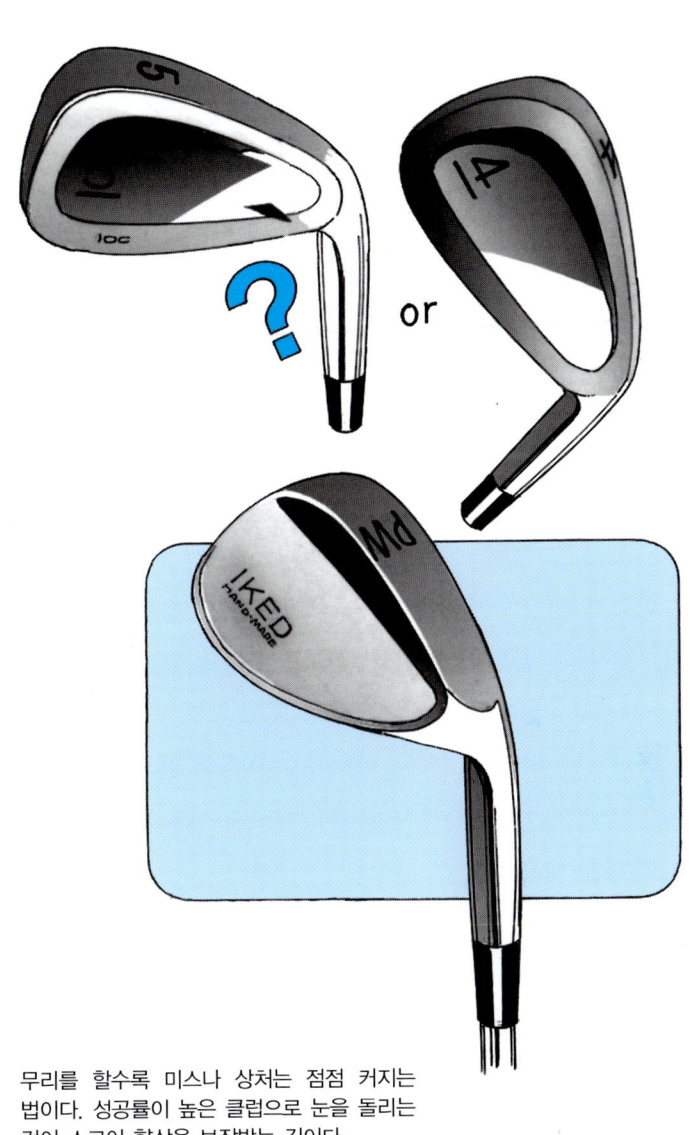

무리를 할수록 미스나 상처는 점점 커지는 법이다. 성공률이 높은 클럽으로 눈을 돌리는 것이 스코어 향상을 보장받는 길이다.

아무 장애도 없는 30야드 이내의 어프로치

❗ 어프로치의 기본은 퍼터로 굴린다

어프로치의 기본에 대해서는 제2장에서도 언급했지만, 여하튼 볼을 올리지 않고 굴려가는 것이다. 볼을 올리려고 하면 거리감이 맞지 않을 뿐 아니라 뒤땅치기나 토핑 같은 미스 샷도 유발할 가능성이 있다. 그러므로 볼을 굴리려고만 생각한다. 확률적으로 봐도 그러한 실수는 최소한으로 억제할 수 있다.

내일의 골프를 위해 스코어를 확실히 줄일 수 있는 비결은 다음과 같다. 아무 장애도 없는 30야드 이내의 어프로치를 할 때에는 굴리기의 기본, 퍼터를 사용하라는 것이다.

이것은 그린의 바깥쪽 가장자리인 에이프런(apron)뿐 아니라, 턱이 없는 그린 주변의 벙커에서도 마찬가지다. 골칫거리 벙커 샷을 할 바에야, 설사 벙커에서일지라도 퍼터로 즉각 내보내는 것이 골프를 훨씬 편하게 이끌어 가는 방법이다.

폼 잡을 생각만 버린다면, 골프 스코어는 눈 깜짝할 사이에 10타는 줄어들 것이다!

퍼터로 굴려야 확실한 어프로치로 이어진다!

 티 샷이 좋았을 때

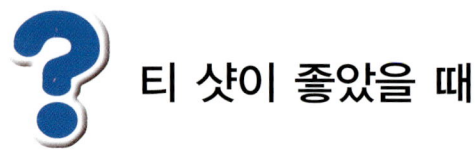 핀을 시야에서 없앤다

티 샷이 나이스 샷인데다가 비거리도 250야드 가까이 날아 우쭐한 기분으로 페어웨이를 걸어 세컨드 지점까지 왔다.

그런 아마추어 골퍼들은 대개 다음번에도 나이스 샷을 기대하고, 시선을 핀에만 응시하고 있을 때가 많다.

하지만 그 시점에서 좋은 샷을 치려는 마음에 이미 몸에는 힘이 들어가 있으므로, 그런 기대를 안은 세컨드 샷은 멋지게 빗나가기 마련이다. 크게 뒤땅을 치거나 토핑을 내고 그대로 무너져 버리는 광경을 수도 없이 목격한 바 있다.

그처럼 티 샷이 좋았을 때일수록 조급함은 금물이다. 핀을 겨냥하고 싶은 마음을 버리고, 그린에 올리는 것만 생각할 수 있게 되면 골프는 크게 달라질 것이다. 핀을 노리다 보면 해저드에 빠질 위험도 많다. 핀을 시야에서 지우고, 그린 중심을 겨냥해라. 결국은 이것이 핀에 가장 가까워지는 공략법이다!

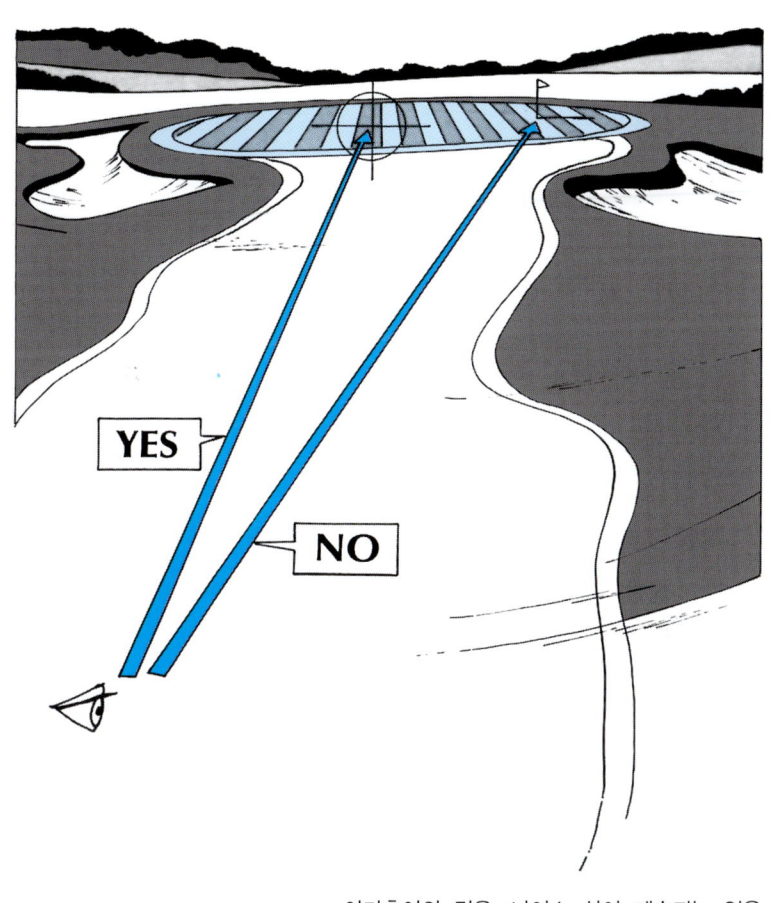

아마추어의 경우, 나이스 샷이 계속되는 일은 거의 없다. 그렇다면 무리하지 말고 안전책을 취하는 것이 스코어를 보장받는 길이다.

그린 터치는 하루에도 여러 번 바뀐다는 것을 기억해 둔다

여름과 겨울철에는 하루 중에도 속도가 정반대다

아마추어 가운데는 하루 중에도 그린 터치가 바뀌는 것을 모르는 사람도 있을 것이다.

여름철에는 기온도 높고 일조 시간도 길고 잔디도 무성하므로, 아침에 그린을 깎아 공 구름이 좋은 상태였다 해도, 하프 홀을 돌고 오후로 들어서면 어느새 그 잔디가 자라 공 구름에 제동이 걸린다. 후반 3홀 정도에서 갑자기 공 구름이 더디게 느껴지는 것은, 바로 그린의 잔디가 자란 것이 원인이다. 이때는 남은 거리보다 다소 오버하도록 쳐나가야 그린 감각에 들어맞는다.

반대로 겨울철에는 아침에 서리가 내려 물기를 가득 머금고 있으므로 아침일수록 그린의 공 구름은 나쁘다. 오후로 접어들면서 차츰 그 서리가 마르고 수분도 날아가면, 어느새 공 구름이 좋아지는 것을 느낄 수 있다.

여름과 겨울철에는 하루에 느껴지는 그린의 감각이 전혀 다르다. 이러한 점을 기억해 두는 것만으로도 스코어 향상에 도움이 된다.

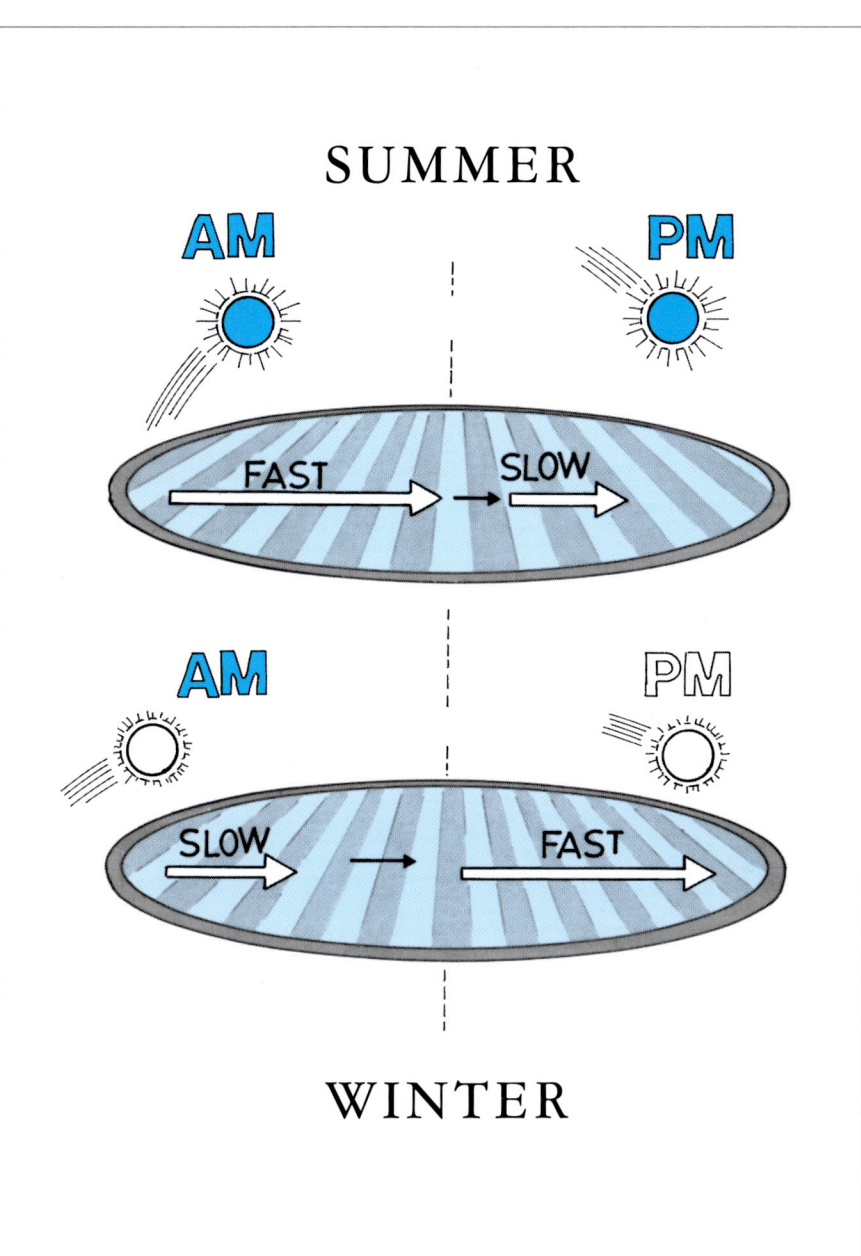

 ## 스코어 카드 쓰는 법에 따라 레벨 업도 가능하다?

 **스코어는 정확히 숫자로 기입한다**

스코어 카드라는 것은 그날의 골프를 되돌아볼 수 있는 중요한 기록이다. 스코어가 나쁘면 돌아가는 길에 휴지통에 던져 버리는 일도 있겠지만, 그렇게 되면 잘못을 반성할 수 없으므로 백날을 쳐봐도 똑같은 실수를 반복할 뿐이다.

스코어가 나쁠 때일수록 그날의 골프를 되짚어보는 좋은 기회로 삼자. 아울러 스코어 카드를 쓸 때 오버 파만 기록하는 사람이 있는데, 그것도 레벨 업을 방해하는 요인 중의 하나다. 그 홀을 몇 타로 끝냈는지, 그리고 어떤 과정을 거쳤는지 확인하기 위해서도 정확히 숫자로 기입하는 것이 중요하다.

또, 중간에 스코어를 계산하는 것도 좋지 않다. 나머지 홀을 몇 타로 마무리해야 하는지 계산하다 보면 스윙에 힘이 들어가게 마련이다. 게다가 그렇게 계산한 스코어로 끝내는 경우도 거의 없다. 따라서 한 샷 한 샷에 집중하고, 스코어는 18홀을 끝낸 뒤 계산하는 습관을 지니도록 하자.

> 어떤 상황에서도 벗어날 수 있는 도우미 칼럼

볼의 종류(타입)에 따라 골프도 바뀐다?

힘없는 사람일수록 부드러운 볼을 사용한다

요즘의 골프 볼은 스핀 타입이나 디스턴스 타입 등, 원하는 골프 스타일에 따라 명확히 구분해서 사용되고 있다.

하지만 그 이름만 들어도 스핀 타입은 상급자나 프로용, 디스턴스 타입은 비거리 부족으로 고민하는 아마추어용인 듯한 이미지가 굳어져 있다. 따라서 자신에게 맞는 것인지도 확인하지 않은 채 볼을 선택하는 사람도 많은 것 같다.

그러나 아마추어의 경우 대개 어느 쪽이든 비거리에 큰 차이는 없다. 다만 아마추어에게 권하는 기준은, 힘이 없는 사람일수록 스핀 타입처럼 부드러운 볼을 사용하라는 것이다. 부드러우면 임팩트에서 볼이 찌부러지고 백스핀이 살아남으로써 볼도 올라가고 비거리도 난다.

그러나 비거리 중시의 단단한 볼은, 힘없는 골퍼일수록 볼을 찌부러뜨리지 못해 스핀도 걸리지 않고 볼이 올라가지 않으므로 비거리도 나지 않는 것이다. 힘없는 사람일수록 부드러운 볼을 사용하라. 이것이 하나의 기준이다.

골프 지식 업그레이드

제4장

플라이어는 왜 발생하나

> **!** 페이스와 볼 사이로 잔디의
> 물기가 들어가기 때문이다

플라이어(flier)라는 말을 들어본 적이 있을 것이다. 프로의 시합을 중계하는 TV를 보다 보면, 러프에 볼이 들어갔을 때 해설자가 "플라이어로 거리가 나기 때문에, 클럽을 고르기가 쉽지 않을 겁니다"라는 식으로 사용하는 말이다.

그렇다면 왜 플라이어는 거리가 나게 되는 것일까. 그것은 임팩트 순간, 볼과 페이스 사이로 잔디가 끼어들어 감으로써 그 잔디의 물기가 페이스 위에서 볼을 미끄러뜨린다. 볼이 미끄러지면 백스핀이 풀리므로 볼에 부력(浮力)이 생기지 않고 직진하려는 성질이 커짐으로써 비거리가 나게 되는 것이다.

페어웨이처럼 잔디가 깨끗이 손질되어 있는 곳이라면 플라이어가 발생하지 않지만, 러프와 같이 잔디가 볼을 에워싸고 있는 곳에서는 이러한 플라이어가 발생하기 쉽다.

그러나 플라이어가 발생하는 데에는 러프의 저항에 지지 않는 임팩트 시의 파워도 필요하다. 대부분의 아마추어와는 무관한 일인지도 모른다.

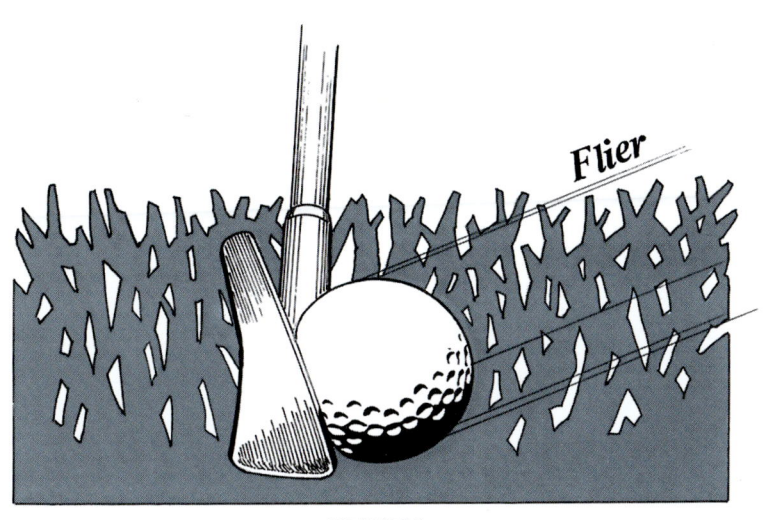

플라이어란…
페이스와 볼 사이로 잔디의 물기가 들어감으로써 역회전이 감소하고 직진하려는 성질이 커져 의도한 것보다 훨씬 더 멀리 나가는 것을 말한다.

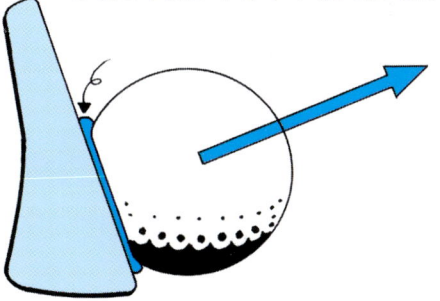

④ 골프 지식 업그레이드

 따라해도 좋은 프로와 나쁜 프로

 어니 엘스는 OK, 타이거 우즈는 NG

세계의 수많은 프로 골퍼 가운데 눈으로 스윙을 익힌다는 측면에서 따라해도 좋은 프로는 어니 엘스밖에 없을 것이다.

엘스의 스윙은 느리면서도 스윙 아크(arc)가 크고, 클럽과 볼이 일체가 된 완만한 원피스 리듬이 정밀하고 큰 비거리 성능을 낳고 있다.

느린 리듬과 큰 스윙 아크는 아마추어 골퍼들도 따라해 보면 좋을 거라고 생각한다.

한편, 따라하려고 해도 할 수 없고, 해서도 안 되는 것이 타이거 우즈의 스윙이다. 스윙 스피드가 강렬한 만큼 시선을 빼앗기 충분하며, 전문지에도 스윙 분해 사진이 자주 게재되고 있지만, 그 스윙은 이미 인간의 행위가 아니다. 따라해 보려고 스윙 스피드를 의식하면, 축이 어긋나고 힘도 들어간다. 흉내 내서 좋을 게 하나도 없으므로 그만두는 편이 낫다.

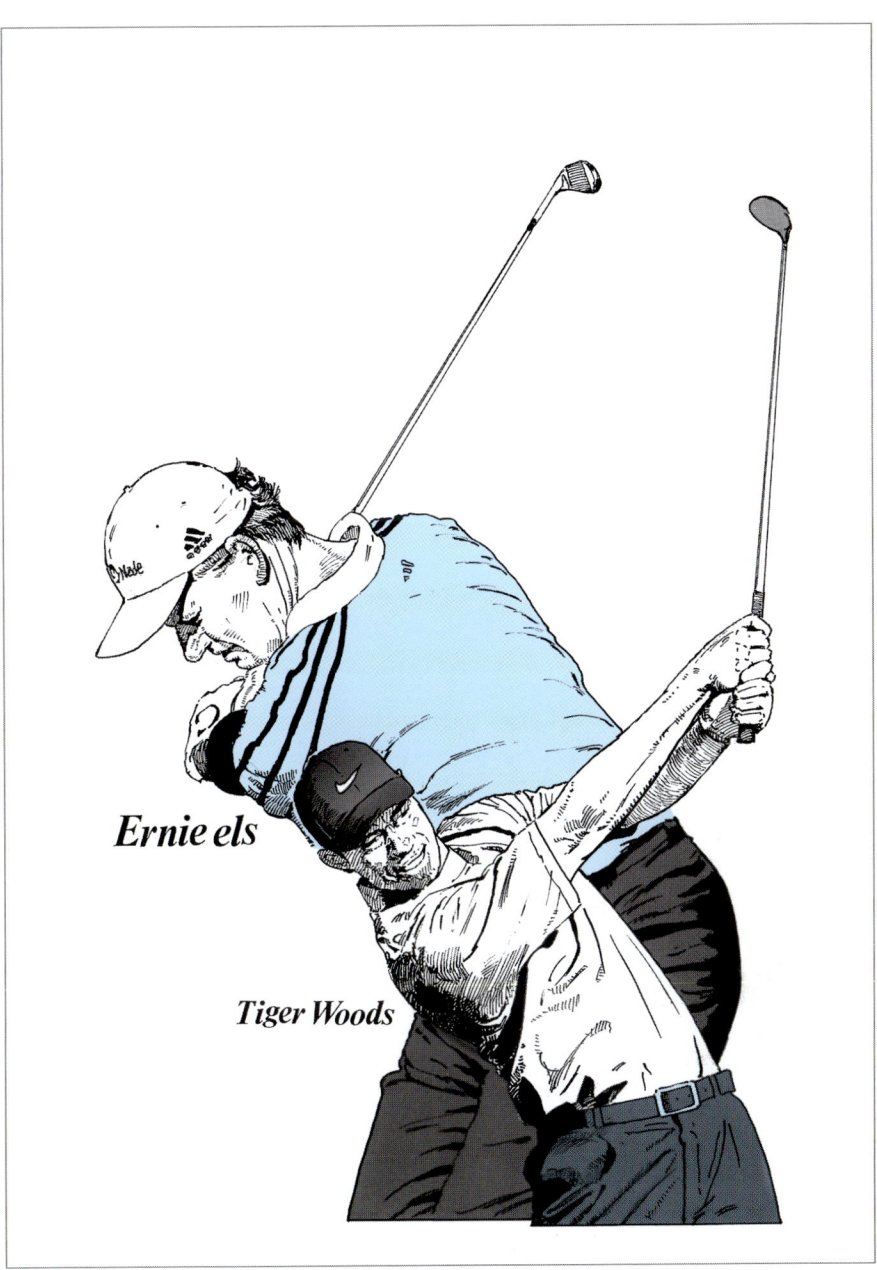

 임팩트는 어드레스의 재현이다?

그렇다

    정지해 있는 어드레스의 상태와, 스윙의 흐름 속에 있는 동적인 임팩트가 같을 리 없다는 것은 누구나 쉽게 알 수 있다.
    왼쪽 사이드의 리드에 의해 임팩트 시 몸은 왼쪽으로 흐르고 팔도 뒤따라오고 있는데, 이 상태의 어느 부분이 어드레스의 재현이냐고 묻는 아마추어도 많을지 모른다.
    하지만 그렇게 임팩트로 몸이 흐르는 가운데, 유일하게 어드레스를 재현하고 있는 것이 양손의 그립 형태와 페이스의 방향이다. 이 두 부분이야말로 임팩트에 있어서 어드레스의 재현이 아니면 볼은 어디로 날아갈지 알 수 없고, 골프라는 스포츠도 성립되지 않는다.
    레슨서에는 대개 "임팩트는 어드레스의 재현"이라는 말만 무성하므로 아마추어들이 오해하기 쉽다. 하지만 재현을 하고 있는 것이 그립과 페이스라는 것을 이해할 수 있다면 좀더 매끄러운 스윙이 될 것이다.

 # 아오키는 왜 퍼터의 천재인가

 항상 볼의 중심과 퍼터의 중심을 명중시켜 때릴 수 있다

허리를 잔뜩 구부린 채 퍼터의 힐 쪽 바닥면(sole)을 그린에 대고, 토(toe)는 지면에서 멀리 떼어놓은 독특한 자세, 그리고 손목을 이용해 공을 찍듯이 때리는 퍼팅 스타일은, 퍼터의 천재 아오키의 트레이드 마크이기도 하다.

그렇다면 왜 아오키를 퍼터의 천재라고 하는 것일까. 그것은 퍼터의 중심 부분과 4.5cm라는 볼 지름의 반에 해당하는 2.25cm의 그 볼 중심을, 매번 한 치의 오차도 없이 명중시켜 스트로크할 수 있기 때문이다.

그와 같은 퍼팅 스타일을 낳은 아오키이기에 그야말로 그런 퍼팅이 가능한 것이고, 아마추어는 물론 프로 골퍼조차 그의 고등 기술은 흉내 내기 힘들다. 이미지로 말하자면, 볼이 올라가 있는 레일 위로 퍼터를 미끄러뜨리고 있는 것과 같다.

프로라도 퍼터와 볼의 중심을 부딪쳐 때리는 경우는 세 번에 한 번 꼴이다. 그것을 매번 하고 있으니 천재라고 할 수밖에.

 # 볼을 중심으로 포획한다는 것

 스위트 스팟으로 목표에 대해 직각으로 볼을 포획하는 것을 말한다

아마추어도 "볼을 중심으로 포획했다"거나 "지금 볼은 중심점에 맞았다"는 대화를 하는 일이 있을 것이다. 이때 볼은 멋진 원을 그리며 나이스 샷을 안겨주었을 것이다.

일반적으로 볼을 중심으로 포획하는 것에 대해 느낌으로 얘기해 버리는 경우가 많다. 그러나 구조적으로는 클럽의 스위트 스팟(중심점)에 명중시켜 때리는 것은 물론, 목표 방향에 대해 직각으로 때렸을 때를 일컬어, 볼을 중심으로 포획했다고 말하는 것이다.

핸디 36 이상의 100의 벽을 깨지 못한 골퍼라도, 볼을 클럽의 중심점에 명중시켜 때리는 일은 그리 어려운 것이 아니다. 그러나 그것을 목표 방향에 대해 직각으로 때린다는 것이 어려운 것이다.

중심점으로 직각이 되게 볼을 때림으로써 스윙 중의 에너지가 남김 없이 볼에 전달되기 때문에 비거리도 나고 컨트롤도 하기 쉽다. 볼을 중심점으로 포획할 수 있게 되면 틀림없이 스코어도 좋아지게 되어 있다.

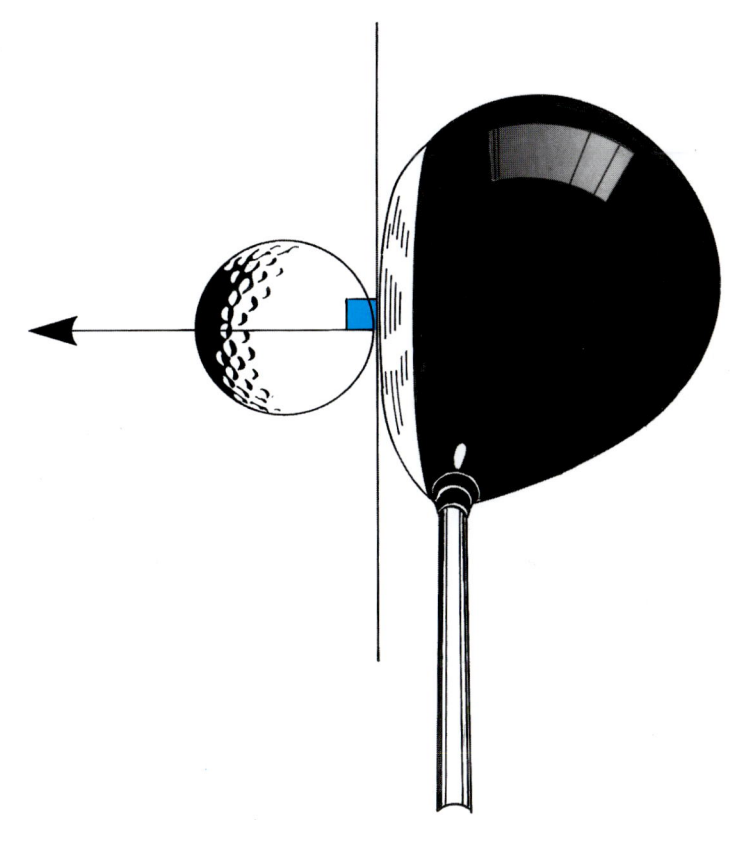

스위트 스팟으로 목표에 대해 직각이 되도록 볼을 때려야, 그야말로 "중심으로 볼을 포획했다"고 말할 수 있다.

 ## 잘하지도 못할 샷은 하지 않는다

 ### 적어도 1000번은 치고 나서 실천한다

아마추어의 골프를 보고 있으면, 프로 골퍼들조차 애를 먹는 고난도의 샷을 아무렇지 않게 하려고 하는 사람들이 많다.

평소의 연습량도 적고 라운드라고 해봐야 한 달에 한 번이 고작일 텐데, 그런 어려운 샷을 매번 태연하게 해치워 버린다면, 프로 골퍼들은 골프로 밥을 먹고 살아갈 수 없을 것이다.

같은 상황 100번 중에 한 번 정도는 우연이라는 것도 있고, 지금까지 그런 우연이 있었을지도 모르지만, 나머지 99번은 반드시 실수가 나게 마련이다.

그러므로 저자가 하고 싶은 말은 이미지를 그리는 거야 자유지만, 잘하지도 못할 샷은 하지 말라는 것이다. 낮은 볼이나 훌쩍 뜨는 샷이야 이미지를 그리기 쉽지만, 자신이 할 수 있다는 보장은 어디에도 없다. 적어도 1000번은 연습장에서 쳐본 뒤에 골프장에서 실천한다. 자신에 대한 맹신은 스코어 향상의 최대의 벽이다. 로마는 하루아침에 이루어진 것이 아니다…….

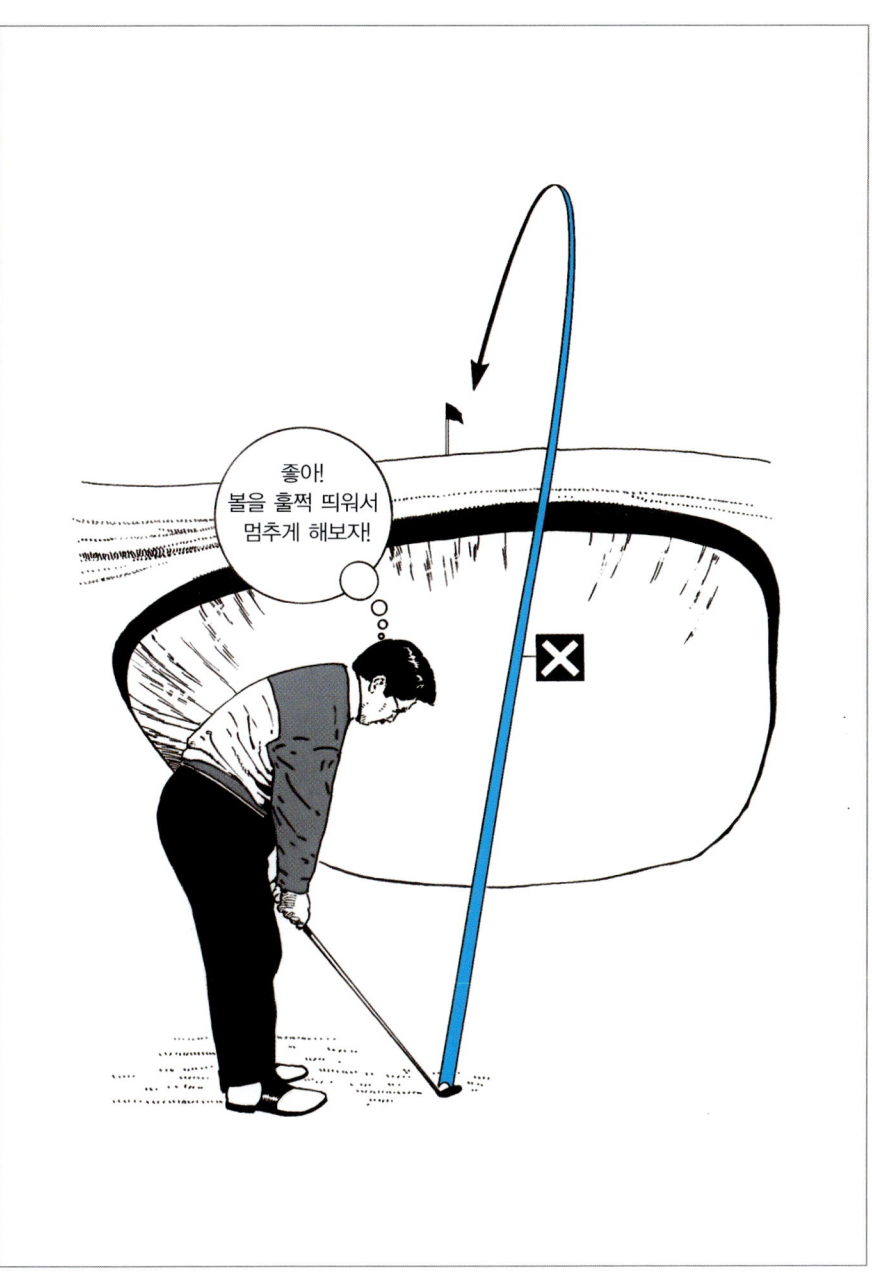

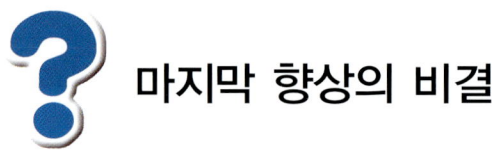 마지막 향상의 비결

 골프를 잘하고 싶으면 적당히 쳐본다

 마지막으로 궁극적인 향상의 비결로서 권하고 싶은 것은, 적당히 쳐보라는 것이다. 적당히 친다는 것은 스코어나 샷의 자잘한 부분, 목표가 어떻고 비거리가 어떻고 하는 생각들을 모두 떨쳐 버리고 친다는 것이다.
 어떻게 그것이 가능하냐고 할지 모르지만, 100의 벽을 깨지 못하는 골퍼도 사실은 적당히 칠 수 있다.
 그 좋은 예가, 실제로 치듯 연습 스윙을 할 때이다. 그와 같은 경우에는 눈앞에 볼이 없으므로 날려 보자거나 스윙이 이러저러하다고 생각하는 사람은 없을 것이다.
 결과를 생각하지 않으면 몸은 매끄럽게 움직여 주고 순서를 보더라도 좋은 스윙이라 할 수 있지만, 막상 볼과 마주 서면 전혀 매끄러운 스윙과는 동떨어져 버린다.
 생각하면 생각할수록 힘도 들어가고, 향상과는 거리가 멀어진다. 자, 당신은 스윙을 적당히 할 수 있을까.

적당히 스윙을 한다면 힘은 들어가지 않는다. 웃으면서 쳐 보는 것도 이런 스윙의 하나다. 이것을 실제의 골프에서도 할 수 있게 된다면, 당신의 실력은 크게 향상될 것이다.

④ 골프 지식 업그레이드

SUPER INDEX

핵심 정리

제1장

1. 자꾸 슬라이스가 난다 ▶ 평소보다 클럽을 짧게 쥐고 쳐본다.
2. 훅·풀 샷이 멈추지 않는다 ▶ 왼손 그립을 강하게 쥔 상태로 스윙한다
3. 토핑을 고치고 싶다 ▶ 평소보다 볼 1개분 정도 왼쪽에 둔다.
4. 팝업을 멈추고 싶다 ▶ 티를 좀더 높게 하고 친다.
5. 비거리가 나지 않는다 ▶ 목표를 가까운 곳에 설정한다.
6. 뒤땅을 친다 ▶ 볼 가까이 서본다.
7. FW·유틸리티 클럽은 치기 어렵다 ▶ 천천히 리듬에 따라 쳐본다.
8. 아이언을 잘 치고 싶다 ▶ 평소의 어드레스에서 왼발을 반 보 앞으로 내밀고 쳐본다.
9. 러프에서는 어떻게 쳐야 하나 ▶ 처음부터 뒤땅을 치듯 때린다.
10. 왼발 내리막에서는 어떻게 쳐야 하나 ▶ 왼발의 발끝을 한껏 열어준다.
11. 왼발 오르막에서는 어떻게 쳐야 하나 ▶ 왼발의 발끝을 한껏 닫는다.
12. 발끝 내리막에서는 어떻게 쳐야 하나 ▶ 뒤꿈치에 체중을 싣고 무릎을 한껏 구부린다.
13. 발끝 오르막에서는 어떻게 쳐야 하나 ▶ 발끝에 체중을 싣고 곧추선 자세로 무릎은 절대 구부리지 않는다.
14. 편안한 어프로치 샷을 익히고 싶다 ▶ 오른손으로 친다.
15. 벙커에서는 어떻게 쳐야 하나 ▶ 자세야 어찌됐든 헤드로 볼을 가린다.
16. 벙커에서의 탈출이 어렵다 ▶ 스탠스도 페이스도 닫고 쳐본다.
17. 어프로치에서 거리감이 느껴지지 않는다 ▶ 퍼터에 가까운 클럽으로 굴린다.

SUPER INDEX

18. 자꾸 생크가 난다 ▶ 왼발을 오른발 길이만큼 후방으로 물린다.
19. 연못을 넘기려고 한다 ▶ 배에 힘을 준다.
20. 모래 속에 묻힌 볼을 빼내려고 한다 ▶ 볼을 친 순간 오른손을 편다.
21. 스리 퍼트가 많다 ▶ 스리 퍼트 정도는 마음먹기 나름이다.
22. 숏 퍼트가 자주 빗나간다 ▶ 되도록 넓은 스탠스로 정렬한다.
23. 라인을 읽을 수 없다 ▶ 그렇다면 똑바로 쳐버린다.
24. 감이 없다는 말을 자주 듣는다 ▶ 토핑처럼 쳐본다.
25. 겨냥한 곳으로 칠 수 없다 ▶ 오른쪽 스파이크의 바깥쪽을 라인에 맞추고 쳐본다.

제2장

26. 드라이버 샷에서의 볼의 위치 ▶ 평소보다 볼 2개분 왼쪽에 정렬하고 쳐본다.
27. 페이드 볼을 치려고 한다 ▶ 평소보다 볼 2개분 뒤로 떨어져서 쳐본다.
28. 드로 볼을 치려고 한다 ▶ 스윙 스피드를 평소의 반으로 줄여서 쳐본다.
29. 머리를 드는 습관이 있다 ▶ 그렇다면 좀더 머리를 들어본다.
30. 백스윙에서 몸이 흐른다고 한다 ▶ 백스윙에서 오른쪽 무릎을 오른쪽으로 움직여 본다.
31. 방향성을 안정시키고 싶다 ▶ 오른발을 목표에 대해 직각으로 정렬한다.
32. 역풍이 강할 때는 어떻게 쳐야 하나 ▶ 볼을 올리는 것만이 골프는 아니다.

33. 빗속의 라운드에서 주의할 점 ▶ 우산은 반드시 왼손으로 든다.

34. 볼을 올리려고 한다 ▶ 어드레스에서 그립의 위치를 몸의 중앙보다 오른쪽에 둔다.

35. 헤드 스피드를 올리고 싶다 ▶ 왼발 발끝을 닫고 오른발 발끝을 연다.

36. FW · 유틸리티 클럽을 사용할 때 볼의 위치 ▶ 치고자 하는 곳에 두면 된다.

37. 아이언을 사용할 때 볼의 위치 ▶ 다른 클럽과 마찬가지로 치고자 하는 곳에 두면 된다.

38. 이럴 때는 어떻게 쳐야 하나 (1) 디보트의 후방 ▶ 볼을 오른발 안쪽에 둔다.

39. 이럴 때는 어떻게 쳐야 하나 (2) 디보트의 한가운데 ▶ 핸드 퍼스트로 정렬한다.

40. 이럴 때는 어떻게 쳐야 하나 (3) 역방향의 러프에서 ▶ 무조건 3배의 거리를 친다는 생각으로 때린다.

41. 이럴 때는 어떻게 쳐야 하나 (4) 순방향의 러프에서 ▶ 클럽의 바닥면을 쓸지 않는다.

42. 눈앞에 나무가 있어 그 밑을 통과할 경우 ▶ 클럽의 번수를 하나 올리고 오른쪽 어깨도 올리고 정렬한다.

43. 눈앞에 나무가 있어 그 위를 넘겨야 할 경우 ▶ 클럽의 번수를 하나 내리고 오른쪽 어깨도 내리고 정렬한다.

44. 올려치는 홀에서 주의할 점 ▶ 목표를 가까운 지면에 설정한다.

45. 내려치는 홀에서 주의할 점 ▶ 시선은 자신의 높이와 같이 맞춘다.

46. 숲 속으로 들어갔다면 ▶ 가까운 곳으로 내보내라. 급할수록 돌아간다!

47. 턱 높은 벙커에서는 어떻게 쳐야 하나 ▶ 핀을 겨냥하지 않는다.

48. 거리가 있는 벙커에서는 어떻게 쳐야 하나 ▶ 클럽을 짧게 쥐고 있는 힘껏 휘두른다.

49. 피치 앤 런은 어떻게 쳐야 하나 ▶ 피칭 웨지를 사용한다.

SUPER INDEX

50. 러닝 어프로치는 어떻게 쳐야 하나 ▶ 8번 아이언으로 친다.

51. 로브 샷은 어떻게 쳐야 하나 ▶ 샌드웨지로 친다.

52. 백스핀을 걸려고 한다 ▶ 필요는 없지만······

53. 퍼팅시 볼의 위치 ▶ 부디 원하는 곳에 둔다.

54. 퍼트의 거리가 맞지 않는다 ▶ 퍼터 헤드를 띄우고 쳐본다.

제3장

55. 슬라이서는 티 그라운드의 어디에 서야 하나 ▶ 슬라이스를 창피해하지 않는다.

56. 후커는 티 그라운드의 어디에 서야 하나 ▶ 톱 아마추어로 올라서는 입구로 생각한다.

57. 고반발 드라이버는 이렇게 쳐라 ▶ 티를 높이고 페이스의 상부로 때리는 이미지를 갖는다.

58. 클럽 세팅을 생각해라 ▶ 이제 4번 아이언은 필요 없다.

59. 편리한 드라이버 구분하는 법 ▶ 헤드가 크고 샤프트가 짧은 것을 고른다.

60. 편리한 아이언 구분하는 법 ▶ 볼품없는 모양이야말로 편리한 아이언의 특징이다.

61. 티 샷은 드라이버라고 누가 말했나 ▶ 아놀드 파머이다.

62. 연습장이 없을 때 워밍업을 하는 방법 ▶ 클럽 세 개를 쥐고 천천히 휘두른다.

63. 퍼팅 그린 활용법 ▶ 스타트 전에 클럽 하우스와 평행으로 긴 거리를 쳐본다.

64. 스윙 중 들어가는 힘을 빼는 방법 ▶ 항문을 조여 본다.

65. 클럽을 선택하기 힘들다 ▶ 자신 있게 휘두를 수 있는 클럽을 사용한다.

66. 아무 장애도 없는 30야드 이내의 어프로치 ▶ 어프로치의 기본은 퍼터로 굴린다.

67. 티 샷이 좋았을 때 ▶ 핀을 시야에서 없앤다.

68. 그린 터치는 하루에도 여러 번 바뀐다는 것을 기억해 둔다 ▶ 여름과 겨울철에는 하루 중에도 속도가 정반대다.

69. 스코어 카드 쓰는 법에 따라 레벨 업도 가능하다? ▶ 스코어는 정확히 숫자로 기입한다.

제4장

70. 플라이어는 왜 발생하나 ▶ 페이스와 볼 사이로 잔디의 물기가 들어가기 때문이다.

71. 따라해도 좋은 프로와 나쁜 프로 ▶ 어니 엘스는 OK, 타이거 우즈는 NG

72. 임팩트는 어드레스의 재현이다? ▶ 그렇다.

73. 아오키는 왜 퍼터의 천재인가 ▶ 항상 볼의 중심과 퍼터의 중심을 명중시켜 때릴 수 있다.

74. 볼을 중심으로 포획한다는 것 ▶ 스위트 스팟으로 목표에 대해 직각으로 볼을 포획하는 것을 말한다.

75. 잘하지도 못할 샷은 하지 않는다 ▶ 적어도 1000번은 치고 나서 실천한다.

76. 마지막 향상의 비결 ▶ 골프를 잘하고 싶으면 적당히 쳐본다.

옮긴이 유 인 경

동덕여대 일문학과를 나와 수년 간 출판사 편집부에서 일했다.
현재 전문 번역가로 활동 중이다.
역서로는 〈논리와 함께 하는 과학이야기〉〈무라카미 하루키의 음악소설〉
〈골프 길라잡이 1, 2, 3〉 등이 있다.

속성 골프 레슨

초판 인쇄 : 2006년 2월 15일
초판 발행 : 2006년 2월 25일

지은이 : 이와마 켄지로
옮긴이 : 유인경
펴낸이 : 안창근
펴낸곳 : 고려닷컴

출판등록 : 2004년 7월 22일 제7-284호
주소 : 서울시 도봉구 창동 333-2 한성빌딩 702호
전화 : 996-0715~7   팩스 : 996-0718
E-mail : koryo81@hanmail.net
ISBN : 89-91335-06-3 13690